V&R

Marcus Syring

Classroom Management

Theorien, Befunde, Fälle –
Hilfen für die Praxis

Vandenhoeck & Ruprecht

Mit 6 Abbildungen und 6 Tabellen

Bibliografische Information der Deutschen Nationalbibliothek

Die Deutsche Nationalbibliothek verzeichnet diese Publikation in der
Deutschen Nationalbibliografie; detaillierte bibliografische Daten sind
im Internet über https://dnb.de abrufbar.

ISBN 978-3-525-70185-0

Weitere Ausgaben und Online-Angebote sind erhältlich unter: www.v-r.de

Umschlagabbildung: Panthermedia

© 2017, Vandenhoeck & Ruprecht GmbH & Co. KG,
Theaterstraße 13, D-37073 Göttingen /
Vandenhoeck & Ruprecht LLC, Bristol, CT, U.S.A.
www.v-r.de
Alle Rechte vorbehalten. Das Werk und seine Teile sind urheberrechtlich
geschützt. Jede Verwertung in anderen als den gesetzlich zugelassenen Fällen
bedarf der vorherigen schriftlichen Einwilligung des Verlages.
Printed in Germany.

Satz: SchwabScantechnik, Göttingen
Druck und Bindung: CPI buchbücher.de, Birkach

Gedruckt auf alterungsbeständigem Papier.

Inhalt

Vorwort 7

1. Einleitung 9
1.1 Unterricht als komplexes Geschehen 11
1.2 Unterrichtsqualität, Lehrerprofessionalität und
    Lernerfolg durch gutes Classroom Management 14
1.3 Classroom Management: eine Definition 23
1.4 Zum Aufbau des Buches 26

2. Theorien, Konzepte und Empirie 29
2.1 Historische Entwicklung und Traditionslinien 29
2.2 Kounin: Konstruktives Agieren 33
2.3 Evertson: Vorausplanendes Handeln 34
2.4 Mayr: Mehrdimensionaler Ansatz 35
2.5 Classroom Management in der neuen Lernkultur 38
2.6 Instrumente und Verfahren zur Evaluation
    der eigenen Klassenführung 41
2.7 Klassenführungstrainings 43

3. Unterrichtsgestaltung 45
3.1 Unterricht vorbereiten 47
3.2 Bedeutsame Lernziele 50
3.3 Strukturierter Unterricht 55
3.4 Raum vorbereiten 62
3.5 Flüssigkeit und Schwung 65
3.6 Sachmotivation und interessanter Unterricht 68
3.7 Unterrichtliche Klarheit und klare Arbeitsanweisungen 74
3.8 Abwechslung und Herausforderung 77

4. Beziehungsförderung 79
4.1 Aktivitäten zum Schuljahresbeginn
 und zur Gemeinschaftsförderung 81
4.2 Verantwortlichkeit der Lernenden 85
4.3 Schülermitbestimmung 88
4.4 Wertschätzung, Authentizität und Empathie 90
4.5 Kommunikation 93
4.6 Vertrauen und Verstehen 98
4.7 Humor 99

5. Verhaltenskontrolle 102
5.1 Regeln und Routinen planen und unterrichten 106
5.2 Allgegenwärtigkeit und Überlappung 112
5.3 Gruppenmobilisierung und Beschäftigung
 der Lernenden 114
5.4 Angemessener Umgang mit Störungen 116
5.5 Beaufsichtigen, Überwachen und Kontrolle
 der Lernarbeit 119
5.6 Unangemessenes Verhalten unterbinden durch
 rasches Eingreifen bei Störungen 121
5.7 Konsequenzen: Bestrafung und Belohnung 124

6. Fälle 129
6.1 Fallarbeit zum Classroom Management 129
6.2 Analyse von Unterrichtsfällen 131
6.3 Verfassen eigener Fälle und kollegiale Fallberatung 134
6.4 Unterrichtsfälle 137

7. Literatur 147

Vorwort

Wieder ein Buch zum Thema »Classroom-Management«? Auf dem Büchermarkt finden sich zahlreiche Bücher zum Thema Klassenführung, Classroom-Management, Klassenmanagement, Klassenlehrer, Disziplinproblemen, Störungen im Unterricht etc. Auch die unter Lehrkräften beliebten Friedrich Jahreshefte brachten 2015 eine Ausgabe zum Thema »Unterrichtsstörungen«. Warum also noch ein Buch zu diesem Thema, wenn doch alles schon gesagt ist?

Das vorliegende Buch präsentiert kein neu gewonnenes Wissen zum Thema Classroom-Management oder gar eine Formel zum guten Umgang in der Schulklasse. Anliegen des Buches ist es, dass viele Wissen aus unzähligen Büchern zu bündeln und in einer geordneten Übersicht den Leserinnen und Lesern zur Verfügung zu stellen. Dabei soll auch der Versuch unternommen werden, empirisch gesichertes Wissen über Classroom-Management (und seine Wirkung) von bloßer »Ratgeberliteratur« (»Man muss nur …, das hilft immer!«) zu trennen.

Das Buch folgt dabei einer klaren Strukturierung entlang empirisch gesicherter Dimensionen von Classroom-Management. Diese Dimensionen werden mit Theorien, empirischen Befunden, Modellen und Handlungsempfehlungen verknüpft. Nicht nur einleitend in die Kapitel, sondern auch am Ende des Buches finden sich authentische Fälle zum Nachvollziehen des Gelesenen, zum Wiedererkennen ähnlicher Fälle aus dem Schul- und Unterrichtsalltag sowie zum Anwenden und Analysieren der beschriebenen Theorien, Modelle und Empfehlungen.

Es wird der Versuch unternommen, den aktuellen wissenschaftlichen Kenntnisstand zum Thema wiederzugeben und mit Hilfe von Empfehlungen zu veranschaulichen. Dabei sind diese jedoch nicht als reine Handlungsanweisungen zu verstehen, sondern eher als eine Art Bestätigung oder Anregung, etwas im eigenen Unterricht und Handeln zu überdenken, zu reflektieren und zu korrigieren. Die einzelnen Kapitel bieten also die Möglichkeit zur Erweiterung und Veränderung des eigenen Wissens zum Classroom-Management, die Empfehlungen und auch die Fälle dienen dem Nachdenken über die eigenen Überzeugungen und »eingeschliffenen« Routinen im Alltagshandeln.

Ein Teil der Fälle ist im Rahmen eines Forschungsprojektes an der Universität Tübingen, Abteilung Schulpädagogik, unter Mitarbeit von Dozierenden und abgeordneten Lehrkräften entstanden. An dieser Stelle möchte ich für diese gemeinsame Arbeit und die Möglichkeit, die Fälle hier präsentieren zu können, allen Beteiligten herzlich danken.

Marcus Syring, im Oktober 2016

1. Einleitung

»Unsere Schulen sind von einem ernsthaften Problem betroffen, das bezogen auf Lehren und Lernen verheerenden Schaden anrichtet. Dieses Problem ist Schülerfehlverhalten. Wenn Sie heute unterrichten, haben Sie vielfältige Erfahrungen damit. Wenn Sie sich darauf vorbereiten zu unterrichten, seien Sie gewarnt: Es ist das wesentlichste Hindernis zu Ihrem Erfolg und hat das Potential, Ihre Karriere zu zerstören.« *(Charles 2002, S. 1, übersetzt von Mägdefrau 2010, S. 49)*

Diese Worte mögen vielen Lehrerinnen und Lehrern aus dem Herzen sprechen, die sich täglich mit unangemessenem Schülerverhalten konfrontiert sehen. Dabei entsteht schnell der Eindruck, dass das Fehlverhalten von Schülerinnen und Schülern im 21. Jahrhundert ein noch nie dagewesenes Ausmaß erreicht hat. Bilder, wie sie beispielsweise während der Ausschreitungen an der Berliner Rütlischule im Jahr 2005 durch die Medien gingen, oder durch den Kinohit *Fack you Goethe* von 2013 vermittelt wurden, bekräftigen diese Vorstellung. In einem Beschwerdebrief der Lehrerinnen und Lehrer der Rütlischule an die Schulleitung heißt es:

»Unsere Bemühungen, die Einhaltung der Regeln durchzusetzen, treffen auf starken Widerstand der Schüler/innen. Diesen Widerstand zu überwinden wird immer schwieriger. In vielen Klassen ist das Verhalten im Unterricht geprägt durch totale Ablehnung des Unterrichtsstoffes und menschenverachtendes Auftreten. Lehrkräfte werden gar nicht wahrgenommen, Gegenstände fliegen zielgerichtet gegen Lehrkräfte durch die Klassen, Anweisungen werden ignoriert.« *(Keller 2012, S. 9)*

Zugegebenermaßen ist dies ein Extremfall; auch wird Schülerinnen- und Schülerverhalten nicht erst in der heutigen Zeit kritisiert. Bereits vor über 2000 Jahren soll das Verhalten der Jugend von Sokrates wenig positiv beschrieben worden sein, indem er beklagte, »die Jugend verachtet die Autorität und hat keinen Respekt vor den älteren Leuten. Sie widersprechen ihren Eltern (…), legen die Beine übereinander und tyrannisieren ihre Lehrer« (Sokrates, 470–399 v. Chr.).

Beide genannten Zitate zeigen: Classroom Management ist damals wie heute in aller Munde. Nicht zuletzt durch die große Metastudie von Hattie (2009; 2013), die in der Öffentlichkeit den Fokus guten Lernens wieder stärker auf die Rolle der Lehrkraft verschoben hat, ist das Thema Classroom Management verstärkt in den Blick geraten. Davon zeugen auch die im Vorwort erwähnten zahlreiche Publikationen in den letzten Jahren. Classroom Management wird in der Wissenschaft mit unterschiedlichsten Methoden breit beforscht, in der Lehrerbildung zunehmend zentral verankert und ist im Berufsalltag unerlässlich. Was jedoch konkret darunter zu verstehen ist und wie man es lernen kann, bleibt Gegenstand vielfältiger Diskussionen. Eikenbusch (2009) führte mit Lehrkräften Interviews zu ihrem Verständnis von Classroom Management und identifizierte dabei fünf »Fehlannahmen« zum Thema, die ein sehr enges Bild von Classroom Management nachzeichnen und dazu führen, dass dieses oftmals scheitert. Die Lehrkräfte benennen als Annahmen:

- Die Lehrkraft trägt die alleinige Verantwortung. Auf ihre Persönlichkeit kommt es an!
- Auftretende Probleme muss die Lehrkraft mit entsprechenden Maßnahmen allein lösen!
- Es gibt Techniken des Classroom Managements, mit denen man Ruhe in eine Klasse bringen kann!
- Wenn o. g. Techniken nicht zum Ziel führen, dann muss die Ursache bei anderen liegen!
- Schülerinnen und Schüler, die sich den Maßnahmen »widersetzen«, sind grundsätzlich Störenfriede!

In diesen fünf Annahmen zeigt sich eine starke Fokussierung der Lehrkräfte auf das Thema Umgang mit Störungen und auf den Wunsch nach Techniken, mit diesen Störungen umgehen zu können

(Bastian 2016). Classroom Management ist jedoch weit mehr als der reaktive Umgang mit Störungen im Unterricht. Es bündelt verschiedene Unterrichts(qualitäts)merkmale und umfasst wesentlich mehr als das klassische »Führen« einer Klasse (wie es das deutsche Wort »Klassenführung« nahelegt). Classroom Management stellt einen zentralen Gegenstand der Allgemeinen Didaktik und der Lehr-Lern-Forschung dar. Empirische Befunde weisen ihm aufgrund seiner vielen Dimensionen eine große Bedeutung für den Lernerfolg der Schülerinnen und Schüler zu. Auch aufgrund dieser vielen Dimensionen bleibt es fraglich, ob der Begriff »Führung« angesichts »der von Komplexität, Widersprüchlichkeit und Unsicherheit geprägten Prozesse ein tragfähiger Begriff ist« (Bastian 2016, S. 7). Aus diesem Grund wird in diesem Buch der Begriff Classroom Management benutzt, der in der Tradition der angelsächsischen Diskussion steht (▸ Kap. 2.1) und bereits auf ein breites Verständnis von Klassenführung verweist.

Das Buch thematisiert zunächst die Bedeutung, den historischen und den aktuellen Stand der Theoretisierung und empirischen Befundlage zum Classroom Management. Danach werden im Hauptteil drei Dimensionen von Classroom Management – die Unterrichtsgestaltung, die Beziehungsförderung und die Verhaltenssteuerung – behandelt. Das Buch schließt mit einigen kurzen authentischen Fällen, an denen die zuvor präsentierten Theorien, Modelle und Konzepte analysierend erprobt werden können.

1.1 Unterricht als komplexes Geschehen

Arnold (2009) definiert Unterricht als »didaktisch geplante und deshalb sowohl thematisch abgrenzbare als auch zeitlich hinreichend umfassende Sequenzen des Lehrens und Lernens im Kontext pädagogischer Institutionen […]« (S. 15). Andere Definitionen, die im Kern ebenfalls den planmäßig initiierten und geführten Lehr-Lern-Prozess beschreiben, betonen auch das Interaktions- und Kommunikationsgeschehen, welches den Unterricht kennzeichnet. Diese Sichtweise auf Unterricht als Interaktionsprozess macht deutlich, dass es sich hierbei um keine einfache Einbahnstraße der Wissens-

vermittlung, sondern um einen überaus komplexen Prozess handelt (vgl. auch Schönbächler 2008). Doyle (1986) und in Ergänzung dazu Herzog (2002) stellten Aspekte zusammen, die Ursachen und Wirkungen dieser Komplexität beschreiben. Sie kamen auf die folgenden acht Merkmale:
- Multidimensionalität: Der Klassenraum ist ein Ort, an dem einerseits viele verschiedene Personen und Persönlichkeiten mit ganz unterschiedlichen Voraussetzungen, Interessen und Fähigkeiten aufeinandertreffen. Andererseits ist es ein Raum, in dem sehr viele und sehr unterschiedliche Ereignisse stattfinden.
- Simultaneität: Zahlreiche Dinge finden im Unterricht gleichzeitig statt. Dies erfordert von der Lehrkraft simultane Aufmerksamkeit und das ständige Treffen von Entscheidungen.
- Unmittelbarkeit: Eng mit dem Treffen vieler Entscheidungen und der Simultanität verbunden ist die erschwerte Reflexion der Lehrkraft aufgrund des schnellen Ablaufs der Ereignisse. Oft bleibt wenig Zeit zum Nachdenken, da ein unmittelbares Handeln der Lehrkraft nötig ist.
- Unvorhersehbarkeit: Unterricht ist planbar, aber nicht vorhersehbar. Oftmals treten unvorhersehbare Ereignisse, Störungen oder Ablenkungen auf, die nur beschränkt in der Planung berücksichtigt werden können.
- Öffentlichkeit: Das Klassenzimmer (und sogar darüber hinaus die Schule) sind kein privater, sondern ein »öffentlicher« Raum. In ihm finden die Interaktionen statt und können von anderen Anwesenden direkt oder indirekt beobachtet werden. Die Wirkung einer Interaktion, z. B. einer Zurechtweisung eines Schülers durch die Lehrkraft, geht also über die unmittelbar an der Interaktion Beteiligten hinaus.
- Historizität: Lehrkräfte und Klassen verbringen viel Zeit miteinander. Im Klassenraum stattfindende Interaktionen und Ereignisse sind nicht ein aktuelles Phänomen in der Gegenwart. Sie haben auch Wurzeln in der Vergangenheit und Auswirkungen auf die Zukunft.
- Intransparenz: Jedes Interaktions- und Kommunikationsgeschehen ist dadurch gekennzeichnet, dass man nicht in den Kopf des Gegenübers hineinschauen kann. Lehrkräfte wie Schülerinnen

und Schüler können sich gegenseitig nicht durchschauen, sondern nur indirekt durch Kommunikation aufeinander Einfluss nehmen. Auf diesem indirekten Weg kann einiges misslingen oder falsch verstanden werden.
- Informalität: Ähnlich wie bereits beim Aspekt der »Unvorhersehbarkeit« beschrieben, ist Unterricht nur in geringem Ausmaß standardisierbar oder reglementierbar (sogenanntes Technologiedefizit). Eine feste Form bieten zwar institutionelle Rahmungen und Regelungen, z. B. die Schulordnung, oder allgemeine Prinzipien (z. B. für den Umgang miteinander), jedoch müssen für jede Klasse Regeln, Rezepte, Gesetze oder Techniken den variierenden situativen Bedingungen angepasst werden.

Alle acht genannten Merkmale der Komplexität machen deutlich, wie schwierig es ist, im Klassenzimmer zu interagieren. Ein gutes Classroom Management wird diese Komplexität nicht beseitigen oder nur in geringem Maße reduzieren. Richtig verstandenes Classroom Management hilft jedoch der Lehrkraft (und den Schülerinnen und Schülern), in der komplexen Unterrichtssituation mit mehr Sicherheit zu agieren.

Helmke (2012; 2007) beschreibt Unterricht sehr prominent in Form eines Angebots-Nutzungs-Modells: Von der Lehrkraft geplanter Unterricht ist dabei nur ein Angebot, dessen Wirkung sich nicht per se, sondern erst über die Nutzung des Angebots durch die Schülerinnen und Schüler einstellt. Die Nutzung des Angebots durch die Lernenden – Helmke und andere beschreiben dies als aktive, »echte« Lernzeit – hängt unter anderem von gutem Classroom Management ab. Diesen Aspekt betont Helmke in einem Wirkungsgeflecht der Klassenführung (Helmke 2007, S. 45), welches ähnlich wie oben beschrieben die Komplexität von Unterricht und die Rolle eines guten Classroom Managements darin verdeutlicht (vgl. Abb. 1). Ebenso macht das Modell die zentrale Rolle der Lehrkraft in diesem Geflecht deutlich, welche sowohl Verantwortung für die Qualität des Unterrichts (▸ Kap. 2) als auch für ein effizientes Classroom Management trägt.

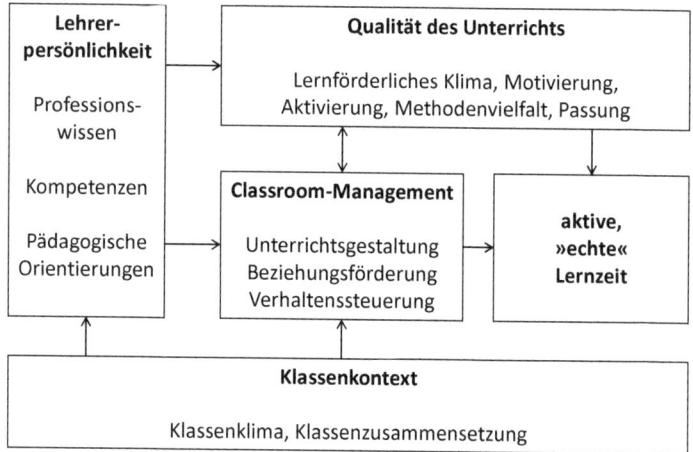

Abb. 1: Wirkungsgeflecht von Classroom Management nach Helmke (2007, S. 45). Abbildung um eigene Begriffe ergänzt.

Classroom Management, so wird in der Abbildung deutlich und im folgenden Kapitel gezeigt, hängt eng mit der Persönlichkeit der Lehrkraft, ihrer Lehrerprofessionalität sowie weiteren Qualitätsmerkmalen von Unterricht zusammen.

1.2 Unterrichtsqualität, Lehrerprofessionalität und Lernerfolg durch gutes Classroom Management

Classroom Management und Unterrichtsqualität

Die Frage »Was ist guter Unterricht?« ist sicherlich so alt wie Unterricht selbst. Lange Zeit wurde diese Frage eher normativ beantwortet: Es wurde ein Sollzustand eines idealen Unterrichts beschrieben, in dem Schülerinnen und Schüler etwas lernen. Mit dem Aufkommen der Unterrichtsforschung versuchte man sich empirisch der Frage zu nähern: In welchem Unterricht findet effektives Lehren und Lernen statt und durch welche Merkmale unterscheidet sich dieser Unterricht von solchem, in dem dies nicht stattfindet? Daraufhin entstanden viele Merkmalskataloge guten Unterrichts. Exemplarisch sollen hier Beispiele gezeigt werden, die sich in vielen Büchern (z. B. Bohl & Kucharz 2010, S. 65 oder Haag & Streber 2012b) zum Thema finden (vgl. Abb. 2).

Abb. 2: Merkmalskataloge guten Unterrichts. Leicht variiert nach Bohl & Kucharz 2010, S. 65.

In allen drei Auflistungen zeigt sich der zentrale Stellenwert von Classroom Management, mal explizit benannt wie bei Helmke (2006) oder Lipowsky (2007), mal eher indirekt in anderen Merkmalen (wie z. B. bei Meyer 2004). Die in der Abbildung fett markierten Merkmale entsprechen Aspekten, die beim Classroom Management eine wichtige Rolle spielen. Natürlich hat gutes Classroom Management auch mit den anderen Aspekten zu tun, hängt mit diesen zusammen oder beeinflusst sie.

Im Folgenden soll ein genauerer Blick auf den Merkmalskatalog von Helmke (2006) geworfen werden. Seine zehn Merkmale von Unterrichtsqualität befinden sich allesamt auf der Angebotsseite von Unterricht, werden also von der Lehrkraft geplant, verantwortet und realisiert. Unter dem ersten Punkt, der effizienten Klassenführung und Zeitnutzung, versteht er eine »notwendige Voraussetzung für erfolgreiches und anspruchsvolles Unterrichten« (Helmke 2006, S. 45). Hinter diesem Merkmal stecken laut Helmke folgende Aspekte, die sich später auch in den einzelnen Kapiteln dieses Buches widerfinden:
- Etablierung und Einhaltung verhaltenswirksamer Regeln,
- Etablierung von Routinen,

- Umsetzen eines autoritativen Führungsstils,
- Prävention von Störungen z. B. durch Strategien der Aufmerksamkeitslenkung,
- undramatischer und zeitsparender Umgang mit Störungen.

Helmke behandelt hier, so wird deutlich, vor allem den Bereich der Verhaltenssteuerung. Dies ist der Tatsache geschuldet, dass andere Aspekte, die bei einem breiten Verständnis von Classroom Management eine Rolle spielen, in seinen Merkmalen an anderer Stelle, z. B. unter dem »lernförderlichen Klima« oder der »Strukturiertheit und Klarheit« (vgl. auch Abb. 2) zu finden sind.

Neben den genannten Katalogen werden in der Literatur auch oft die 88 Standards von Oser (1997) diskutiert, die beschreiben, was eine Lehrkraft können muss. Diese Standards sortierte Oser in zwölf Gruppen. Eine eigenständige Gruppe zum Thema Classroom Management taucht dabei nicht explizit auf, jedoch finden sich Merkmale von Classroom Management in einigen Standards, insbesondere in drei Standardgruppen wieder (vgl. auch Haag & Streber 2013):
- Lehrer-Schüler-Beziehung und fördernde Rückmeldung (Standardgruppe 1),
- Bewältigung von Disziplinproblemen und Schülerrisiken (Standardgruppe 3),
Aufbau und Förderung von sozialem Verhalten (Standardgruppe 4).

Abschließend soll noch auf das Modell der Unterrichtsqualität nach Pietsch (2010) verwiesen werden (vgl. auch Syring et al. 2013). Auf Grundlage vergleichender empirischer Forschung leitete Pietsch ein gestuftes Modell von Unterrichtsqualität ab (vgl. Tab. 1). Er beschreibt dabei effektiven Unterricht anhand »differenzierter Facetten, die jedoch nicht als unabhängig voneinander zu betrachten sind« (Pietsch 2010, S. 141).

Stufe	Merkmale
Lernklima und pädagogische Strukturen sichern	- Sicherung eines lernförderlichen Unterrichtsklimas - klare Strukturen des Unterrichts - vereinbarte Regeln werden eingehalten - klar formulierte, schülerorientierte Aufgaben
Klassen effizient führen und Methoden variieren	- vorausplanendes Handeln der Lehrkraft - Optimierung der aktiven Lernzeit - Variation von Methoden - Lob und Ermutigung zur Verstärkung positiver Lernfortschritte - bedarfsgerechte Anpassung der Unterrichtsgeschwindigkeit
Schüler motivieren, aktives Lernen und Wissenstransfer ermöglichen	- Motivation der Lernenden auf vielfältige Art und Weise - schülerorientierter und partizipativer Unterricht - Befähigung zum aktiven und selbständigen Lernen - Bereitstellung von Transfermöglichkeiten zur Auseinandersetzung mit Unterrichtsinhalten
Differenzieren, Schüler wirkungs- und kompetenzorientiert fördern	- Binnendifferenzierung und Individualisierung hinsichtlich des Lernens - Fokus auf nachhaltigem Kompetenzerwerb - Reflexion des eigenen Lernens als Bestandteil des Unterrichts

Tab. 1: Abstufungen von Unterrichtsqualität nach Pietsch (2010).

Auch hier wird deutlich, dass Classroom Management fein verwoben mit anderen zentralen Merkmalen guten Unterrichts ist. »Es ist u. a. zu finden in der Sicherung eines lernförderlichen Unterrichtsklimas, in der klaren Struktur des Unterrichts, den vereinbarten Regeln, dem vorausplanenden Handeln der Lehrkraft, der aktiven Lernzeit [...]« (Syring et al. 2013, S. 79).

Interessanterweise befindet sich der Kern von Classroom Management auf der ersten Stufe guten Unterrichts im Modell von Pietsch. Es stellt somit eine Grundlage gelingenden Unterrichts dar. Pietsch zeigt damit, dass beispielsweise ein noch so gut differenzierter Unterricht nur gelingen kann, wenn als Grundlage des Unterrichts Regeln vereinbart wurden. Weiterhin macht das Modell von Pietsch klar, dass erfolgreiches Classroom Management auf allen Stufen guten Unterrichts eine Rolle spielt, wie beispielsweise der Aspekt »Motivation der Lernenden« auf der dritten Stufe zeigt.

Zusammenfassend kann eine vielbeachtete internationale Metaanalyse verschiedener Studien zu Qualitätsmerkmalen von Unterricht herangezogen werden. Die Ergebnisse der Studie zeigen, dass für erfolgreiches Lernen im Unterricht noch vor den kognitiven Fähigkeiten der einzelnen Schülerinnen und Schüler an erster Stelle ein effektives Classroom Management steht (Wang, Haertel & Walberg 1993).

Classroom Management und Lehrerprofessionalität

Bereits das oben dargestellte Angebots-Nutzungs-Modell von Helmke macht deutlich, dass Classroom Management zur Angebotsseite des Unterrichts zählt und in der Hauptsache von der Lehrkraft verantwortet wird. Es fällt, so Dollase (2012), in den Bereich der Lehrkompetenzen und ist damit Teil der Lehrerprofessionalität.

Es gibt verschiedene theoretische und auch empirische Forschungsansätze, die sich auf unterschiedliche Weise mit dem Thema der Lehrerprofessionalität auseinandersetzen (einen guten Überblick bietet der Sammelband von Terhart, Bennewitz & Rothland 2011). Im Kern geht es immer um die Frage, was eine Lehrkraft kennzeichnet und wodurch sie charakterisiert werden kann. Weniger dem Bereich von Forschungsansätzen zuzuordnen, jedoch deutlich populärer und bekannter sind die Standards der Kultusministerkonferenz für die Lehrerbildung im Bereich Bildungswissenschaften (KMK-Standards 2004). Diese Standards, in vier Kompetenzbereiche gegliedert, zeigen, was Lehrkräfte nach der Hochschulausbildung (erste Phase der Lehrerbildung) und in ihrem Berufsleben können sollten. Das Thema Classroom Management kommt hier nicht explizit vor, findet sich jedoch als Querschnittsaufgabe in allen Kompetenzbereichen mehr oder weniger wieder (Haag & Streber 2012b):

- Kompetenzbereich »Unterrichten«: Hier wird darauf verwiesen, dass Schülerinnen und Schüler zum Lernen aktiviert werden sollen. Aktivierung und Motivation sind Kernbereiche der Unterrichtsgestaltungen im Bereich des Classroom Managements (▸ Kap. 3.6).

- Kompetenzbereich »Erziehen«: Es wird darauf verwiesen, dass die Lehrkraft einerseits Konflikte in der Klasse lösen können soll und andererseits die Schülerinnen und Schüler zu mündigen Mitgliedern der Gesellschaft erziehen soll. Beides sind Bereiche, die sich in einer breiten Definition von Classroom Management wiederfinden.
- Kompetenzbereich »Beurteilen/Beraten«: Erfolgreiches Classroom Management erfordert sowohl Diagnostik und Einzelberatung (Fokussierung auf die Lerner) als auch gleichzeitig einen Gruppenfokus. Beides findet sich in diesem Kompetenzbereich.
- Kompetenzbereich »Innovieren«: In diesem Bereich geht es um Kompetenzen zur eigenen Weiterentwicklung (z. B. Fortbildungen zum Classroom Management) sowie um Kompetenzen zur Weiterentwicklung von Schule und Unterricht. Die Fähigkeit, ein schulweites Konzept zum Classroom Management zu initiieren und umzusetzen, kann hier beispielsweise zugeordnet werden. Aber auch die Erprobung und Reflexion neuer Regeln im Unterricht, Sitzordnungen etc. lässt sich dem Kompetenzbereich Innovieren zuschreiben.

Abgesehen von den zwar bekannten, jedoch eher normativen Kompetenzen der KMK-Standards findet sich in nahezu allen aktuellen Kompetenzmodellen des Lehrerberufs Classroom Management als eine zentrale Kompetenz für erfolgreiches Lehrerhandeln (z. B. Voss, Kunter & Baumert 2011; Baumert & Kunter 2011; Bromme 1992; Oser & Oelkers 2001; Shulman 1986; Terhart 2002). Als Kompetenz wird dabei immer einerseits das Wissen, z. B. zur Einführung von Regeln im Unterricht, wie auch die konkrete Fähigkeit bzw. Fertigkeit verstanden, dies zu tun. Viele Kompetenzmodelle zählen zudem Einstellungen, Überzeugungen und Werthaltungen als Teil der jeweiligen eigentlichen Kompetenz. Übersetzt heißt dies, dass eine Lehrkraft nur dann kompetent im Classroom Management ist, wenn sie weiß, wie z. B. Störungen im Unterricht vermieden werden können; wenn sie die Fertigkeit besitzt, auftretende Störungen zu beenden, und auch die Überzeugung und den Willen hat, dies zu tun.

Es zeigt sich, dass der Lehrerpersönlichkeit eine große Bedeutung zukommt: Die Lehrkraft macht einen Unterschied für das

Classroom Management und das Lernen der Schülerinnen und Schüler – und das nicht erst seit Hatties Studie (2009; 2013). Zwar lenkte diese und ihre mediale Rezeption den Blick wieder stärker auf die Verantwortung der Lehrkraft für das Lernen der Schülerinnen und Schüler, doch bereits in den 1970er-Jahren erschien das Buch *Teachers make a difference,* in dem die besondere Rolle der Lehrkraft betont wurde.

Lernerfolg durch gutes Classroom Management

Mittlerweile liegen einige Studien vor, die zeigen, dass Faktoren eines guten Classroom Managements in einem positiven Zusammenhang mit den schulischen Leistungen von Schülerinnen und Schülern stehen. Beispielsweise zeigten die Ergebnisse der SCHOLASTIK-Studie (Weinert & Helmke 1997), dass der Kompetenzwert der Lehrkraft im Bereich Classroom Management prädiktiv für die Leistungsentwicklung von Grundschülerinnen und -schülern im Fach Mathematik ist. Das heißt, je kompetenter die Lehrkraft im Classroom Management ist, umso deutlicher war der Leistungszuwachs bei den Lernenden. In der Studie wurden dabei unter Classroom Management die Motivierung im Unterricht, die Adaptivität (Anpassung des Lernstoffs, der Geschwindigkeit, der Sozialformen etc. an die Bedürfnisse der Schülerinnen und Schüler), das Aufzeigen klarer Zielvorgaben und ein angemessener Umgang mit Störungen verstanden. Zu ähnlichen Ergebnissen (bessere Leistungsentwicklung bei hoher Kompetenz im Classroom Management) kam auch die MARKUS-Studie (Helmke & Jäger 2002), die als Stichprobe Schülerinnen und Schüler der 8. Klasse an allen Schulformen untersuchte. Auch die große und breit rezipierte COACTIV-Schulleistungsstudie (Baumert & Kunter 2011; Kunter & Voss 2011) bestätigte die Ergebnisse der Forschung von Helmke und Kollegen. Hier wurden die Leistungen von Schülerinnen und Schülern der 10. Klasse im Fach Mathematik im Zusammenhang mit dem Classroom Management der Lehrkraft untersucht. Klieme konnte in mehreren Studien zeigen, dass ein störungsarmer Unterricht positiv assoziiert ist mit günstigeren Lernergebnissen sowohl im kognitiven als auch im motivational-emotionalen Bereich (Fauth et al. 2014; Klieme & Rakoczy 2008). Positive Zusammenhänge zwischen einem guten Classroom Management und Leistungszuwächsen, Lernerfolgen sowie einem guten Klassenklima und anderen Faktoren fand auch die Linzer Arbeitsgruppe um Mayr immer wieder in ihren Studien (▸ Kap. 2.4; Mayr 2006a; Mayr 2009; Mayr, Eder, Fartacek, Lenske & Pflanzl 2016). Ebenso konnte die Bedeutung von Classroom Management für erfolgreichen Unterricht in mehreren weiteren Studien belegt werden (z. B. Doyle 2006; Emmer, Evertson & Anderson 1980; Helmke & Weinert 1997; Einsiedler 2002; Gruehn 2000; Klieme, Schümer & Knoll 2001).

Zusammenfassend zeigten die Metaanalysen von Hattie (2009) und Wang, Haertel & Walberg (1993), dass Classroom Management ein zentraler Bedingungsfaktor für die Leistung von Schülerinnen und Schülern ist (weitere Studien: Brophy & Good 1986; Marzano 2000; Marzano & Marzano 2003; Oliver, Wehby & Reschly 2011). Jedoch sollte man gerade die Ergebnisse von Hattie (nicht nur in diesem Feld) vorsichtig betrachten. Hattie (2009; 2013) behandelt Classroom Management unter dem Aspekt »Schule« und nicht unter »Unterricht« oder »Lehrer«, wo man es eigentlich erwarten würde. Seine hier angebrachten Ergebnisse und Effekte beruhen nur auf einer (!) Metaanalyse von Marzano (2000), in der Leistungen von Schulen mit guter Klassenführung mit anderen Schulen verglichen wurden. Marzano selbst hat in seiner Metaanalyse auch nur Studien mit einem sehr engen Fokus von Classroom Management (eher disziplinierender Charakter) einbezogen (Marzano 2003; vgl. auch Gold 2015). Aus diesem Grunde können aus den Ergebnissen bei Hattie auch nur wenige Rückschlüsse auf die Wirkung und damit auf den Nutzen von vor allem präventiv-proaktiven Maßnahmen des Classroom Managements gezogen werden.

Ein gutes Classroom Management, so eine Metaanalyse von Seidel & Shavelson (2007) reicht jedoch nicht, um die Leistung und den Lernerfolg von Schülerinnen und Schülern zu steigern. Beide fanden heraus, dass Classroom Management positive, aber nur mäßige Effekte auf kognitive und motivational-emotionale Kriterien des Lernens hat. Wichtiger wäre vielmehr die Initiierung und Unterstützung von Lernaktivitäten (Gold 2015). Gutes Classroom Management allein reicht also nicht aus, unterstützt aber unmittelbar das Lernen der Schülerinnen und Schüler. So eröffnet ein störungsarmer, wertschätzender Unterricht erst die Möglichkeiten echter Lernaktivitäten. Gold (2015) bezeichnet daher ein effizientes Classroom Management weniger als eine Voraussetzung effektiven Lernens, sondern als integralen Bestandteil einer lernförderlichen Umgebung.

Classroom Management und Belastungen von Lehrkräften
Neben den Zusammenhängen zwischen Lehrerprofessionalität sowie Lernerfolg und Classroom Management soll abschließend noch auf den Aspekt der Anforderungen von Classroom Management an Lehrkräfte eingegangen werden. Trotz der großen Bedeutung und positiven Auswirkung eines guten Classroom Managements auf Unterricht und Schulleistung wird dieses gleichzeitig, insbesondere von Novizen (Studierenden und Berufsanfängern) als eine besonders belastende Anforderung des Lehrerberufs empfunden (Doyle 1985; 1986; 2006; Veenman 1984; Friedmann 2006; Jones 2006; Evertson & Weinstein 2006; Helmke 2012). Dies hängt einerseits damit zusammen, dass Classroom Management als Teil des Unterrichtsangebots gesehen wird und damit in der Verantwortung der Lehrkraft steht. Fälschlicherweise werden in diesem Zusammenhang sämtliche Probleme der Schülerinnen und Schüler, vor allem im Hinblick auf ihr Verhalten, ebenfalls der Lehrkraft zugeschoben. Diese Perspektive auf Classroom Management überfrachtet den Lehrberuf massiv und nimmt notwendige Unterstützungssysteme innerhalb und außerhalb der Schule (z. B. Fachkräfte für spezifische Entwicklungsprobleme) aus der Verantwortung. Andererseits wird diese Belastung damit erklärt, dass das »Aushalten können« komplexer Anforderungen im Klassenzimmer eine wichtige Bedingung von Classroom Management ist (Haag & Streber 2012a). Dieses »Aushalten können« muss erlernt werden und bildet sich erst im Verlauf des Berufslebens heraus. Daher kann man auch im Zusammenhang mit Classroom Management von einer »spezifischen Expertenkompetenz« (Thiel, Richter & Ophardt 2012, S. 741) sprechen, da sich erfahrene Lehrkräfte und Lehramtsnovizen in dieser Kompetenz deutlich unterscheiden.

1.3 Classroom Management: eine Definition

Wie bereits erwähnt, führte das Thema Classroom Management in Deutschland lange Zeit ein Schattendasein in der Lehrerbildung und deutschsprachigen Forschung, was unter anderem mit der negativen Besetzung der Begriffe »Führung« und »Disziplin« zusammenhängt (Syring et al. 2013; Helmke 2012; Bohl 2010). Gerade im deutschsprachigen Raum wurde immer wieder auf die Verwurzelung des Themas Classroom Management im Behaviorismus hingewiesen (▸ Kap. 2.1), aus der eine verhaltenstheoretisch begründete Klassenführung abgeleitet wurde (Haag & Streber 2012b), in der Klassenführung als reaktiver Umgang mit Störungen verstanden wurde. Die Weiterentwicklung zu einem ganzheitlichen, ökologischen Ansatz der Klassenführung in den 1990er-Jahren (▸ Kap. 2.1), vor allem im angloamerikanischen Raum, führte zu einem Perspektivwechsel in der Forschung und Öffentlichkeit: Nunmehr standen sowohl die Lehrkraft als auch die Schülerinnen und Schüler im Mittelpunkt eines guten Classroom Managements (Haag & Streber 2012a).

Eine zeitgemäße Definition von Classroom Management muss mehr leisten, als sich nur um das Thema Umgang mit Störungen im Unterricht zu kümmern (▸ Kap. 2.4). Parallel zu dem sich wandelnden Lernbegriff (weg vom Behaviorismus, hin zum Konstruktivismus) stellte sich auch ein Paradigmenwechsel beim Classroom Management ein: eine zunehmende Lernerorientierung (Schönbächler 2008). Die normativen Maßstäbe für ein gutes Classroom Management verschoben sich dabei weit in den Bereich der Orientierung an den Schülerinnen und Schülern – mit Schlagworten wie Aktivität, Selbstregulation, Selbstverantwortung, sozialer und persönlicher Kompetenzförderung, etc. (Schönbächler 2008). Eine klare Trennung zwischen einer instruktionalen Ebene (Didaktik und Methodik des Unterrichts) und einer sozialen Ebene (Classroom Management), wie sie herkömmliche Definitionen von Classroom Management vornahmen, war somit nicht mehr haltbar. Moderne Definitionen umfassen weit mehr als nur soziale Aspekte wie den Umgang mit Disziplinproblemen und nehmen auch Perspektiven der Unterrichtsgestaltung in den Blick. Dennoch gleich geblieben sind die klassischen Anforderungen des Classroom Managements, wie z. B. Ordnung etablieren, Reibungslosigkeit und Flüssigkeit erzeugen, Schülerinnen und Schüler engagieren, Kooperationen gewinnen, effektive Lernzeitnutzung bzw. »time on task« (Schönbächler 2008).

In der Literatur finden sich zahlreiche Definitionen von Classroom Management, die alle im Kern Unterrichtsaktivitäten und Verhaltensweisen einer Lehrkraft in den Fokus nehmen, die dazu dienen, ein optimales Lernumfeld für die Schülerinnen und Schüler bereitzustellen (Emmer & Stough 2001), um die »Interaktionsprozesse im sozialen System Schulklasse« (Ophardt & Thiel 2013, S. 7) zu steuern. So versteht beispielsweise Mägdefrau unter Classroom Management

»[…] das Sicherstellen und Aufrechterhalten eines dem Lernen förderlichen Klimas in der Klasse sowie das Einüben adäquater Arbeitshaltungen und Verhaltensweisen der Lernenden; damit ist Klassenführung instruktionsstützendes Mittel zum Bereitstellen optimaler Lerngelegenheiten.« (Mägdefrau 2010, S. 50)

Bei Kiel, Frey & Weiß steht Classroom Management

»[…] für eine Interaktion im institutionalisierten Rahmen einer Schulklasse, die durch ein hohes Maß an Unsicherheit und Komplexität geprägt ist. Klassenführung will Unsicherheit und Komplexität strukturieren und reduzieren, um einerseits Lernarbeit zu ermöglichen und andererseits einen Rahmen für die Entfaltung und den Schutz eines Einzelnen zu etablieren. Beides (…) geschieht wesentlich dadurch, dass Störungen durch präventive oder interventive Maßnahmen unterbunden werden.« (Kiel, Frey & Weiß 2013, S. 16)

Beide Definitionen machen deutlich, dass es sich beim Classroom Management um weit mehr als Verhaltensregulierung handelt. Die Definitionen nehmen den oben beschriebenen Charakter von Classroom Management als eine Grundlage für erfolgreiches Lernen auf. Bohl (2010) fasst dies prägnant zusammen: »Es geht schlicht darum, die Basis für wirksame Lernprozesse zu legen.« (S. 22) In Anlehnung an die Arbeiten von Mayr (2004; auch ▸ Kap. 2.4) und Schönbächler (2008) stützt sich dieses Buch auf eine Definition, die Classroom Management über drei Dimensionen definiert (Begriffe in Klammern nach Mayr 2008). Classroom Management ist demnach das

> »(1) Handeln der Lehrperson, das auf die Errichtung und Aufrechterhaltung der Ordnungs- und Interaktionsstrukturen abzielt (Verhaltenssteuerung),
> (2) Handeln der Lehrperson, welches das aktive Lernen und die aktive Partizipation der Schülerinnen und Schüler anregt (Unterrichtsgestaltung),
> (3) [der] Aufbau von Beziehungsstrukturen zwischen Lehrkraft und Lernenden, welche durch Fürsorge und Vertrauen geprägt sind (Beziehungsförderung)« (Syring et al. 2013, S. 77).

Es geht der Definition folgend einerseits um die Regulation und Organisation von Unterricht und anderseits um die Kommunikation in diesem. Dabei spielen Aspekte wie eine aktive Nutzung der Lernzeit (Helmke & Weinert 1997; Helmke 1988), Konfliktlösungen in der Klasse (Gold, Förster & Holodynski 2013) sowie die individuelle Lernunterstützung der Schülerinnen und Schüler (Shuell 1993) eine große Rolle. Die Verantwortung der Lehrperson liegt also darin, Lernprozesse zu ermöglichen und die Schülerinnen und Schüler beim Lernen zu unterstützen. Sie organisiert dabei nicht nur die Lehr-Lernprozesse, sondern auch andere Beziehungen und Aktivitäten der Schülerinnen und Schüler im unterrichtlichen und schulischen Kontext (Gold 2015).

Zusammenfassend lässt sich aus der Definition festhalten, dass Classroom Management kein Selbstzweck ist (»Klassenführung ist gut, um Schüler zu disziplinieren!«), sondern Voraussetzung, damit im Unterricht überhaupt gelernt werden kann. Gutes Classroom Management konzentriert sich zudem nicht nur auf den Umgang mit störenden Schülerinnen und Schülern, denn die Störungen werden eher als Folge eines schlechten Classroom Managements betrachtet. Das heißt im Umkehrschluss, dass bei gutem Classroom Management die Wahrscheinlichkeit eines störungsarmen Unterrichts erhöht wird.

1.4 Zum Aufbau des Buches

Die Einleitung hat gezeigt, dass Unterricht als ein komplexes Geschehen zu betrachten ist und gutes Classroom Management die Möglichkeit bietet, in dieser Komplexität zu agieren. Es wurde weiterhin gezeigt, inwiefern Classroom Management und Unterrichtsqualität, Lehrerprofessionalität sowie Lernerfolg zusammenhängen. Eine Definition von Classroom Management (über drei Dimensionen) wurde abschließend vorgestellt.

In den bisherigen Ausführungen wurden bereits wichtige Vertreterinnen und Vertreter des Themas und unterschiedliche Traditionslinien mit Verweisen zu entsprechenden Kapiteln vorgestellt. Im folgenden Kapitel *Theorien, Konzepte und Empirie* werden zentrale Entwicklungslinien und Arbeiten (sowohl theoretischer als auch empirischer Natur) vorgestellt. Damit soll sich ein umfassendes Bild zum Thema Classroom Management runden.

Daran schließen drei Kapitel zu den verschiedenen Dimensionen von Classroom Management an. Die Dimensionen werden dabei aus der oben genannten Dimension abgeleitet: Unterrichtsgestaltung (▸ Kap. 3), Beziehungsförderung (▸ Kap. 4) und Verhaltenskontrolle (▸ Kap. 5). Innerhalb der drei Kapitel findet eine Unterteilung in verschiedene Unterdimensionen statt, die für ein gutes Classroom Management auf Grundlage von theoretischen Arbeiten, Modellen und empirischen Befunden als wichtig erachtet werden. Die Zusammenstellung der Unterdimensionen richtet sich an einer Studie an der Eberhard Karls Universität Tübingen aus, bei der Lehramtsstudierende und Dozierende zentrale Aspekte von Classroom Management nach Kounin (▸ Kap. 2.2), Evertson & Kollegen (▸ Kap. 2.3) und Mayr & Kollegen (▸ Kap. 2.4) den drei Dimensionen der oben genannten Definition in Form einer Synopse zuordnen sollten. Ein Beispiel einer solchen Zuordnung stellt die Tabelle 2 dar (vgl. auch Syring et al., 2013). Die Abkürzungen in Klammern beziehen sich auf die Autorinnen und Autoren, von denen die Begriffe und Merkmale stammen (K: Kounin 1974/2006, E: Evertson, Emmer, Clements & Worsham 1994, M: Mayr 2008).

Unterrichtsgestaltung	Beziehungsförderung	Verhaltenssteuerung
- Flüssigkeit (Schwung) (K) - klare Arbeitsanweisungen (M) - Sachmotivation (K) - positive Erwartungshaltung (M) - interessanter Unterricht (M) - Abwechslung (K) - Unterricht vorbereiten (E) - bedeutsame Lernziele (M) - unterrichtliche Klarheit (M) - strukturierter Unterricht (M) - Fachkompetenz (M) - Raum vorbereiten (E) - Verlässlichkeit (M)	- Aktivitäten zum Schulbeginn (E) - Gemeinschaftsförderung (M) - Verantwortlichkeit der Schülerinnen und Schüler (E) - Schülermitbestimmung (M) - Verstehen (M) - Humor (M) - Kommunikation (M) - Wertschätzung (M) - Authentizität (M)	- Überlappung (K) - Allgegenwärtigkeit (K) - Flüssigkeit (Schwung) (K) - Gruppenmobilisierung (K) - Beschäftigung der Lerner (M) - Regeln und Prozeduren planen und unterrichten (E) - Strategien für Probleme (E) - klare Verhaltenserwartungen (M) - Beaufsichtigen und Überwachen (E) - Kontrolle der Lernarbeit (M) - Unangemessenes Verhalten unterbinden (E) - rasches Eingreifen bei Störungen (M) - Konsequenzen (E) - Verstärkung erwünschten Verhaltens (M) - sparsame Bestrafung unerwünschten Verhaltens (M)

Tab. 2: Beispiel einer Synopse zu Dimensionen und Unterdimensionen (Merkmalen) von Classroom Management (entnommen aus Syring et al., 2013).

Ein solches Vorgehen, empirische Befunde, Modelle und Handlungsanweisungen zentraler Autorinnen und Autoren aus dem Bereich Classroom Management theoriegeleitet verschiedenen Dimensionen zuzuordnen, eröffnet neue Dimensionen, ohne dabei den Überblick zu verlieren. Außerdem macht es deutlich, dass Unterdimensionen und Merkmale bei unterschiedlichen Autorinnen und Autoren oftmals Ähnliches meinen oder sogar identisch sind.

Jedes der drei Kapitel zu den Dimensionen von Classroom Management beginnt mit einem ausführlicheren authentischen Fall, auf den innerhalb der Unterdimensionen immer wieder Bezug genommen wird. Der Aufbau der Kapitel zu den Unterdimensionen folgt immer dem gleichen Prinzip: Es werden theoretische Erläuterungen und Modelle zum jeweiligen Aspekt benannt; zudem werden – wo vorhanden – empirische Ergebnisse aufgezeigt und anschließend mögliche Handlungshinweise, Ideen oder Anregungen gegeben. Die Unterdimensionen zum Classroom Management wurden jeweils einer der drei Dimensionen (Unterrichtsgestaltung, Beziehungsförderung, Verhaltenssteuerung) zugeordnet – in dem Bewusstsein, dass sie in manchen Fällen genauso gut in einer anderen Dimension erscheinen könnten.

2. Theorien, Konzepte und Empirie

2.1 Historische Entwicklung und Traditionslinien

Classroom Management beschreibt ein Beziehungsgeflecht (Haag & Streber 2013), welches die Organisation und die Regulation von Unterricht sowie die Kommunikation im Unterricht umfasst (vgl. auch Definition im ▸ Kap. 1.3). Die folgenden Ausführungen zur historischen Entwicklung und zu den Traditionslinien verdeutlichen, wie und wodurch sich in den letzten fünfzig Jahren Classroom Management zu diesem mehrdimensionalen Geflecht gewandelt hat.

Erste Phase: Behaviorismus

Classroom Management findet seine Verwurzelung im sogenannten Behaviorismus. Dieses wissenschaftliche Konzept versucht das Verhalten von Menschen und Tieren mit naturwissenschaftlichen Methoden zu untersuchen und zu erklären. Vor allem in den 1960er- und 1970er-Jahren war diese Richtung sehr populär und lieferte den traditionellen Ansatz von Classroom Management, der noch am ehesten dem Begriff der »Führung« im deutschen Begriff »Klassenführung« entspricht. Dieser behavioristische Ansatz zielte darauf ab, auf Disziplinschwierigkeiten im Unterricht mit Belehrungen und Sanktionen zu reagieren (Haag & Streber 2012b). Hier findet man also eine verhaltenstheoretisch begründete Klassenführung: Es geht um die Herstellung eines reibungslosen Lernens durch das Erhalten und Wiederherstellen von Disziplin in der Klasse. Trotz der »Überwindung« des Behaviorismus haben die in ihm gewonnenen Erkenntnisse zum Teil noch heute Gültigkeit (Haag & Streber 2013). So führte Kauffmann (2005) ein Review von Forschungsarbeiten zum Thema Bestrafung durch und stellte dabei fest, dass ein Großteil von Maßnahmen sich auch noch heute im Classroom

Management wiederfinden. Zusammenfassend leitete Kauffmann (2005) Richtlinien zum Thema Bestrafung ab, die heute wie damals Gültigkeit haben (▶ Kap. 5.7):

- Bestrafung sollte nur für ernsthaftes Fehlverhalten erfolgen, welches eine Beeinträchtigung der sozialen Beziehung(en) in der Klasse darstellen.
- Bestrafungen sollten nur in Verbindung mit Programmen bzw. Maßnahmen erfolgen, die positives Verhalten verstärken, und nicht nur das schlechte Verhalten sanktionieren.
- Bestrafungen sollten sachlich und nicht angsteinflößend sein, und es sollte auf den moralischen Zeigefinger verzichtet werden.
- Bestrafungen sollten fair, einheitlich und verhältnismäßig sein und sofort im Anschluss an die »Tat« erfolgen.
- Bestrafungen sollten eher als Entzug von Privilegien oder Aufmerksamkeit gestaltet werden (Bestrafung 2. Ordnung). Das Hinzufügen einer Strafe (Bestrafung 1. Ordnung) sollte vermieden werden.
- Bestrafungen müssen sich auf ein konkretes Fehlverhalten beziehen. Die Schülerinnen und Schüler müssen also wissen, warum bzw. wofür sie bestraft werden (siehe auch: zeitlich direkt nach der »Tat«). Ebenso muss den Lernenden die Möglichkeit gegeben werden, ihr Fehlverhalten wiedergutzumachen.
- Bestrafungen sollten bei Nichtfunktionieren (erwünschter Effekt einer Verhaltensbesserung tritt nicht ein) erst einmal ausgesetzt werden. Man sollte also eher nicht als ineffektiv bestrafen.
- Es sollte klare Regeln der Bestrafung oder ein Stufenmodell dieser Regeln geben, das für alle transparent und nachvollziehbar ist.

Später wird noch diskutiert werden, warum die Belohnung erwünschten Verhaltens bzw. die Wegnahme eines angenehmen Reizes bei Fehlverhalten im Classroom Management besser ist als die Bestrafung unerwünschten Verhaltens durch Sanktionierung (▶ Kap. 5.7). Dennoch bleibt festzuhalten, dass Verhaltenssteuerung im Unterricht mittels Belehrungen und Sanktionen sich seit dem Behaviorismus bis heute als eine Traditionslinie gehalten hat.

Zweite Phase: Prävention statt Sanktion

Ende der 1970er-Jahre bis in die 1980er-Jahre hinein wandelte sich das Verständnis von Classroom Management zum ersten Mal. Man ging weg von der reinen Sanktionierung wie im Behaviorismus und hin zu Maßnahmen der Prävention, die gewissermaßen von vornherein einen störungsarmen Unterricht ermöglichen sollten. Einer der Hauptvertreter dieser Sichtweise von Classroom Management war Kounin (1976). Auf seine Arbeiten wird in Kapitel 2.2 ausführlicher eingegangen. In dieser Phase veränderte sich auch die Perspektive auf die Störung des Unterrichts selbst: Bisher wurde diese dem Schüler bzw. der Schülerin zugeschrieben (»Schüler als Störfaktor«), nun wurde die Störung als ein Problem in der Lehrer-Schüler-Beziehung bzw. der Interaktion betrachtet. Eine positive Gestaltung der Lehrer-Schüler-Beziehung, so die Annahme, würde sich präventiv auswirken und somit das Störrisiko im Klassenzimmer senken. Konzepte, Interventionen und Handlungsempfehlungen zum präventiven und proaktiven Umgang mit Unterrichtsstörungen entspringen dieser Traditionslinie und beanspruchen ebenfalls bis heute Gültigkeit.

Dritte Phase: Ökologische Ansätze

Seit den 1990er-Jahren finden sich vor allem im angloamerikanischen Raum neue Ansätze des Classroom Managements, die man unter dem Stichwort der ökologischen Ansätze zusammenfassen kann. Ökologisch bedeutet dabei, dass der Blick nicht nur auf den einzelnen Schüler oder die Schülerin oder eine einzelne Interaktion zwischen Lehrkraft und Lernenden gerichtet wird. Vielmehr werden verschiedene Ebenen der Lehrer-Schüler-Beziehung in den Blick genommen und Fehlverhalten nicht kausal auf einen bestimmten Aspekt, sondern auf eine mögliche Vielzahl von Aspekten zurückgeführt. Neben der Lehrkraft rücken nun auch die Schülerinnen und Schüler in den Mittelpunkt einer ganzheitlichen Betrachtung. Letztere sollen eigenverantwortlich und selbstreguliert lernen, am Unterricht aktiv partizipieren und Verantwortung für (die Lösung) ihre(r) Konflikte tragen. Die Aufgabe der Lehrkraft in diesem Ansatz ist es, eine Lernumgebung zu schaffen, in der kognitives, soziales und emotionales Lernen für die Schülerinnen und Schüler ermöglicht wird. Die in der Einleitung eingeführte Definition von Classroom Management (▶ Kap. 1.3) folgt diesem ökologischen Ansatz. Der Ansatz orientiert sich an Merkmalen guten Unterrichts (▶ Kap. 1.2) und unterstreicht die Nähe zwischen diesen und dem Classroom Management.

Aktuelle Konzepte betrachten Classroom Management heutzutage als eine Sache der Lehrkraft und der Klasse, wobei jedoch weiterhin zentrale Aspekte in der Verantwortung der Lehrkraft (Angebotsseite) liegen. Zusammenfassend kann man daher festhalten, dass sich Classroom Management in den vergangenen fünfzig Jahren durchaus gewandelt hat, »von einem strikt lehrerzentrierten zu einem lernerzentrierten Verständnis« (Bastian 2016, S. 8). Trotzdem reichen Traditionslinien von damals bis heute und wirken immer noch fort.

Traditionslinien und Ordnung von Konzepten

Aufgrund der vielen Dimensionen von Classroom Management (siehe Definition), lassen sich ebenso zahlreiche Maßnahmen und Interventionen für ein erfolgreiches Classroom Management benennen. Generell lassen sich diese Maßnahmen nach *proaktiven/präventiven* oder *reaktiven* Aktivitäten der Lehrkraft unterscheiden, wobei bei proaktiven Aktivitäten die Prävention von Unterrichtsproblemen im Fokus steht und bei reaktiven Aktivitäten die Lösung von Störungen im Unterricht fokussiert wird. Hinsichtlich reaktiver Aktivitäten sei auf die zentralen Arbeiten von Doyle (1985; 1986), Emmer & Stough (2001), Neuenschwander (2006) sowie Wellenreuther (2008) verwiesen. Einige davon werden in den folgenden Kapiteln eine Rolle spielen. Bezogen auf proaktive Aktivitäten im Sinne einer guten Unterrichtsgestaltung und Beziehungsförderung sei auf die Arbeiten und Interventionen von Kounin (1976; 2006), Evertson und Harris (1999), Meyer (2004), Mayr (2006b; 2008) und Nolting (2002) hingewiesen. Auch hiervon werden einige im Folgenden ausführlicher betrachtet.

2.2 Kounin: Konstruktives Agieren

Ein Klassiker zum Thema Classroom Management ist die Arbeit des amerikanischen Forschers Jacob Kounin *Techniken der Klassenführung* von 1976. Die Ergebnisse seiner Untersuchungen beeinflussen bis heute die Vorstellungen eines guten Classroom Managements. Dies zeigt sich auch darin, dass sein Buch 2006 neu aufgelegt wurde. Zusammenfassend beschreibt er Classroom Management als konstruktives Agieren in der Schulklasse (Wellenreuther 2008).

Der von Kounin für sein Buch gewählte Begriff der »Techniken« scheint etwas irreführend, da er vermuten lässt, dass es bei den von ihm gefundenen Prinzipien um erlernbare Maßnahmen zur Verhaltenssteuerung bzw. Disziplinierung geht. Jedoch wird schnell deutlich, dass beispielsweise »Allgegenwärtigkeit« oder »Reibungslosigkeit« keine pädagogischen Tricks oder Techniken sind (dies fand Kounin auch in seinen Studien heraus), sondern dass es sich dabei um grundlegende Qualitätsmerkmale des Unterrichts handelt. Diese – so Kounin – wendet man nicht »mal so nebenbei« an, um eine Klasse zur Ruhe zu bringen, sondern sie manifestieren sich in der Planung und Durchführung des Unterrichts (Klieme 2006; Seidel 2009).

Zunächst behandelt Kounin herkömmliche Disziplinierungsmaßnahmen, wie man sie auch in der Tradition des Behaviorismus (▶ Kap. 2.1) findet. Er beobachtete Lehrkräfte und Schulklassen und verglich verschiedene Maßnahmen zur Bestrafung und Sanktionierung. Er schlussfolgerte, dass diese wenig wirksam zu sein scheinen und dass es andere Prinzipien sein müssten, die wichtiger für ein effizientes Classroom Management sind als reine Disziplinierungsmaßnahmen. Kounin stellte sich daher die Frage, wie Lehrerinnen und Lehrer im Unterricht Störungen präventiv, also vorbeugend, vermeiden können. In seinem Verständnis ist Classroom Management ein Konzept aus störungspräventiven Maßnahmen, die die Wahrscheinlichkeit eines störungsarmen Unterrichts erhöhen. Nach dieser »Wende« in der Arbeit Kounins untersuchten er und sein Team erneut Lehrkräfte und ihr Agieren in der Klasse. Dabei wählte er Klassen, in denen nur wenige Störungen auftraten. Aus seinen Ergebnissen leitete er anschließend vier Grundsätze effektiven Classroom Managements ab:

- Allgegenwärtigkeit der Lehrkraft und Überlappung,
- Reibungslosigkeit, Flüssigkeit und Schwung im Unterrichtsablauf,
- Gruppenmobilisierung und Aufrechterhaltung des Gruppenfokus,
- intellektuelle Herausforderung für alle Schülerinnen und Schüler.

Alle vier Grundsätze bzw. Prinzipien sollten gleichzeitig bei der Unterrichtsplanung und -durchführung berücksichtigt werden. Sie werden in den folgenden Kapiteln (▸ Kap. 3.5, 3.8, 5.2 und 5.3) ausführlich behandelt.

2.3 Evertson: Vorausplanendes Handeln

Lässt sich die Arbeit Kounins unter dem Begriff des »konstruktiven Agierens« zusammenfassen, so lässt sich Classroom Management in den Studien und Ergebnissen der Forschung des Teams um Carolyn M. Evertson als »vorausplanendes Handeln« charakterisieren (Wellenreuther 2008). Dieses vorausplanende Handeln bezieht sich dabei auf drei Ebenen:
- *Organisatorische Ebene:* Vor Unterrichtsbeginn sollten organisatorische Aspekte des Unterrichts, wie z. B. die Raumgestaltung, geplant und zum Teil durchgeführt sein. Dies verbraucht sonst unnötige Lernzeit im Unterricht.
- *Ebene von Ritualen und Regeln:* Zu Beginn des Schuljahrs sollte ein Regelsystem bzw. sollten feste Rituale geplant, eingeführt und etabliert werden. Dies erhöht die Wahrscheinlichkeit eines reibungslosen Unterrichts.
- *Unterrichtsorganisatorische Ebene:* Der Unterricht sollte vorausschauend strukturiert werden, damit in der Umsetzung keine unnötigen Leerstellen auftreten, in denen Schülerinnen und Schüler nicht wissen, was sie tun sollen. An solchen Stellen treten häufig Unterrichtsstörungen auf.

Diese vorausplanenden Aktivitäten der Lehrkraft beziehen sich sowohl auf das soziale als auch auf das methodische Classroom Management (vgl. Haag & Streber 2013; Evertson, Emmer, Sanford & Clements 1983).

Aus zahlreichen Forschungsarbeiten über einen Zeitraum von zwanzig Jahren entwickelten von Evertson und ihr Team auch Trainingsprogramme zum Classroom Management. Darin finden sich insgesamt elf Punkte, die für ein gutes Classroom Management im Sinne des vorausplanenden Handelns zu beachten sind. Diese Punkte werden hier nur aufgezählt und in den folgenden Kapiteln näher erläutert (vgl. Evertson, Emmer, Sanford & Clements 1983):
- Klassenraum vorbereiten,
- Vorbereiten des Unterrichts,
- Aktivitäten zum Schulbeginn (Klassengemeinschaft stärken),
- Regeln und Verfahrensweisen planen,
- Konsequenzen planen, mitteilen und konsequent anwenden,
- Strategien für potenzielle Probleme planen (Störungen des Unterrichts, Störungen durch Leerzeiten, Störungen durch inhaltliche Schwierigkeiten; vgl. auch Haag & Streber 2013),
- Regeln und Prozeduren unterrichten,
- Verantwortlichkeit der Schülerinnen und Schüler stärken,
- Unterrichtliche Klarheit (klare Formulierungen, Anweisungen und Aufgaben),
- Unterbinden von unangemessenem Schülerverhalten,
- Beaufsichtigen/Überwachen der Lernenden.

Es wird deutlich, dass die Entwicklung eines Systems von Regeln und Routinen, Konsequenzen und Strategien für mögliche Probleme den Kern in Evertsons Auflistung ausmacht. Die Implementierung eines solchen Systems braucht Zeit und sollte altersgerecht erfolgen. Zudem sollte auf das Regelsystem immer wieder hingewiesen werden. Über das System hinaus sollte dieses – so Evertson – in ein vertrauensvolles und unterstützendes Klassen- und Schulklima eingebettet sein.

2.4 Mayr: Mehrdimensionaler Ansatz

Haag und Streber (2012a) heben die besondere Bedeutung der Arbeiten des Teams um Johannes Mayr zum Thema Classroom Management im deutschsprachigen Raum hervor. Seit Mitte der 1980er-Jahre und bis heute andauernd führten Mayr und sein Team umfangreiche Studien durch. Ziel war und ist es, einerseits Grundlagenwissen und empirische Daten zum Classroom Management zu gewinnen und andererseits Materialien für die Förderung der Kompetenz zum Classroom Management angehender und im Dienst stehender Lehrerinnen und Lehrer bereit zu stellen. In diesen Studien (Mayr, Eder & Fartacek 1991; Mayr 2006a; 2009) wurden umfangreiche Fragebogenerhebungen durchgeführt, in denen die Korrelation bestimmter Handlungsstrategien der Lehrkräfte mit der Störungsrate, dem Lernengagement und der Einstellung der Lernenden zur Lehrperson untersucht wurde.

Sowohl für die Forschungsarbeiten als auch für die Bereitstellung von Materialien nutzen Mayr und seine Kollegen den Linzer Diagnosebogens zur Klassenführung (LDK, Mayr et al., 2016, abrufbar unter: https://ldk.aau.at/). Der LDK (auch ▸ Kap. 2.6) gliedert sich in drei Hauptdimensionen, die auch Eingang in die oben vorgestellte Definition von Klassenführung und die Strukturierung dieses Buches gefunden haben: Unterrichtsgestaltung, Beziehungsförderung und Verhaltenskontrolle. Tabelle 3 gibt die zur jeweiligen Hauptdimension gehörenden Unterdimensionen wieder.

Hauptdimensionen	Unterdimensionen
Unterrichtsgestaltung	- Fachkompetenz - Bedeutsamkeit der Lernziele - Strukturiertheit des Unterrichts - Erklärungsqualität - Interessantheit des Unterrichts - Klarheit der Arbeitsanweisungen - Positive Erwartungshaltung - Lernstandsrückmeldung
Beziehungsförderung	- Authentizität - Wertschätzung - Verstehen - Kommunikation - Mitbestimmung - Gemeinschaftsförderung - Positive Emotionalität - Humor

Hauptdimensionen	Unterdimensionen
Verhaltenskontrolle	- Klarheit der Verhaltensregeln - Allgegenwärtigkeit - Beschäftigung der Schülerinnen und Schüler - Leistungsforderung - Kontrolle des Arbeitsverhaltens - Eingreifen bei Störungen - Bestrafung/Positive Verstärkung

Tab. 3: Haupt- und Unterdimensionen des Linzer Diagnosebogens (vgl. auch Mayr et al. 2016).

Anhand von jeweils einem Item jeder Unterdimension (Single-Item-Ansatz) können die Lehrkraft, aber auch die Schülerinnen und Schüler oder Externe (Fremdevaluation) das Classroom Management im Unterricht mittels Beobachtung einschätzen. Mittels dieser Einschätzungen lassen sich vier sogenannte Handlungsmuster von Lehrkräften identifizieren. Je nach bestimmten Ausprägungen einer Lehrkraft (z. B. sehr gute Unterrichtsgestaltung und Fachkompetenz, dafür weniger Beziehungsförderung) in den drei Dimensionen lässt sich eine Zuordnung zu einem der vier Handlungsmuster vornehmen. Nach Mayr sind diese Handlungsmuster erfolgversprechender als andere und führen zu einem höheren Lernerfolg der Schülerinnen und Schüler, weniger Störungen und einer höheren Mitarbeit:
- Muster A ist vor allem durch hohe Werte der Faktoren der Unterrichtsgestaltung und der Verhaltenskontrolle geprägt.
- Muster B liegt bezüglich der Unterrichtsgestaltung praktisch mit Muster A gleichauf, es wird jedoch versucht, das Verhalten der Klasse bevorzugt durch Beziehungsförderung zu beeinflussen. Bezüglich der Verhaltenskontrolle weist dieses Muster die geringsten Kennwerte aller Muster auf.
- Muster C ist durch ein ausgeglichenes, überall im Mittelbereich liegendes Verhalten charakterisiert.
- Muster D liegt bezüglich der Unterrichtsgestaltung und Beziehungsförderung signifikant unter allen anderen Mustern. Dass es dennoch eine erfolgreiche Klassenführung ermöglicht, ist wohl auf die ausreichend praktizierte Verhaltenskontrolle zurückzuführen (Muster nach Mayr 2006a, S. 242).

Die vier Handlungsmuster repräsentieren die Bandbreite, innerhalb derer erfolgreiche Lehrkräfte agieren. Das bedeutet, dass sich erfolgreiche Klassenführung, auch gemessen an der Störungsrate im Unterricht, auf die Umsetzung einer Konstellation an Dimensionen übergreifender und verschieden stark ausgeprägter Faktoren zurückführen lässt, die bei erfolgreichen Lehrkräften festzustellen sind. Dabei kann die Vernachlässigung der Berücksichtigung bestimmter Faktoren scheinbar durch die stärkere Berücksichtigung anderer Faktoren kompensiert werden. Mayrs Studien haben ergeben, dass die Bandbreite besonders im Bereich der Beziehungsförderung relativ hoch ist, im Bereich der Verhaltenskontrolle und Unterrichtsgestaltung deutlich geringer (Mayr 2006a). Er verdeutlicht, »es gibt kein Idealbild der Klassenführung, das es zu erreichen gilt – wir haben es vielmehr mit einem breiten Spektrum an Handlungsoptionen zu tun« (Mayr 2009, S. 34).

Fasst man zusammen, lässt sich festhalten, dass Classroom Management unabhängig von den Mustern dann erfolgreich ist, wenn:
- ein anregender, kognitiv aktivierender Fachunterricht stattfindet,
- eine Förderung der sozialen Beziehungen im Klassenzimmer erfolgt und
- es wirkungsvolle Strategien der Verhaltenskontrolle gibt.

Auf die verschiedenen Merkmale von Classroom Management, die in den Items und Unterdimensionen der drei Dimensionen auftauchen, wird in den folgenden Kapiteln genauer eingegangen.

2.5 Classroom Management in der neuen Lernkultur

Unterricht und Schule haben sich in den letzten Jahren spürbar verändert und weiterentwickelt. Immer häufiger fällt dabei das Schlagwort der »Neuen Lernkultur«, auf die hin man Unterricht und Schule verändern müsse.

> »Unter Lernkultur versteht man die Art und Weise, wie Lehren und Lernen in Schulen stattfindet. Sie wird sowohl durch die aktuelle wissenschaftliche Forschung als auch durch zeitliche,

kulturelle, gesellschaftliche und bildungspolitische Veränderungen geprägt und unterliegt somit einem ständigen Wandlungsprozess.« (Braun, Buyse & Syring 2016, S. 188)

In Anlehnung an bekannte Merkmalszuschreibungen einer neuen Lernkultur, z. B. nach Weinert (1997) oder Lang-Wojtasik (2008) lässt sich diese folgendermaßen charakterisieren (vgl. auch Braun, Buyse & Syring 2016):

- *Umgang mit Heterogenität:* Die vermehrte Heterogenität in der Schülerschaft einer Klasse wird akzeptiert und produktiv genutzt.
- *Individualisierung und Differenzierung:* »Individuelle Lernbiographien erfordern verschiedene Lernarrangements« (Lang-Wojtasik 2008, S. 136).
- *Erhöhung von Partizipation:* In allen Bereichen des Unterrichts- und Schulalltags wird die Mitbestimmung und Mitgestaltung von Schülerinnen und Schülern, Eltern und Lehrkräften eingefordert.
- *Einsatz von Diagnostik:* Die individuellen Stärken und Schwächen der Lernenden werden mithilfe von Lernstandserhebungen festgestellt. Darauf Bezug nehmend werden individuelle Lehr- und Förderpläne erstellt und individualisiertes Feedback gegeben.
- *Pädagogischer Leistungsbegriff:* Neben der »klassischen« Beurteilung von Leistungen rückt die Wahrnehmung, Begleitung und Förderung der Persönlichkeit in den Vordergrund (Bohl 2009).
- *Situiertes Lernen:* Ausgangspunkt des Unterrichts sollten authentische Situationen sowie Fallbeispiele und *real world problems* aus dem Alltag der Schülerinnen und Schüler sein, damit zu erlernende Kenntnisse und Fähigkeiten später auch auf neue Situationen angewandt werden können.
- *Flexible Raum- und Zeitkultur:* Die Lernumgebung sollte so gestaltet sein, »dass ein Lernen-Wollen initiiert und die Schule als Lebensraum wahrgenommen wird« (Braun, Buyse & Syring 2016, S. 188). Die Zeiteinteilung erfolgt dabei möglichst flexibel.
- *Veränderte Rolle der Lehrkraft:* Im Rahmen der neuen Lernkultur wird die Lehrkraft zunehmend auch zum Lernberater und Moderator von Lernprozessen. Damit geht auch eine stärkere Kooperation zwischen den Lehrkräften einher.

- *Medienerziehung und Medieneinsatz:* Ein vielfältiger Einsatz unterschiedlicher Medien soll sowohl für Lehrkräfte als auch für Schülerinnen und Schüler ermöglicht werden, um einen verantwortungsvollen Umgang (vor allem auch) mit neuen Medien zu erlernen.

Zusammenfassend lässt sich festhalten, dass das Lernen in der neuen Lernkultur ein aktiver, selbstgesteuerter und konstruktiver Prozess ist, der in sozialen Zusammenhängen stattfindet und situations- und kontextgebunden ist. Aus dieser veränderten Rolle der Schülerinnen und Schüler ergibt sich auch eine Verschiebung der Aufgaben für die Lehrkraft (Haag & Streber 2012b): Unterrichten ist eher
- eine Unterstützungs- und Anregungsprozess,
- in dem die Lehrkraft günstige Lehr-Lern-Arrangements bereitstellt und
- eine Beratungsfunktion wahrnimmt.

Die genannten neun Punkte der neuen Lernkultur zeigen, dass sich nicht nur Schule und Unterricht weiterentwickeln müssen, sondern dass sich auch Classroom Management an diese neuen Bedingungen anpassen muss. Mehrdimensionale Ansätze, wie der oben genannte nach Mayr (▸ Kap. 2.4), berücksichtigen dies in Teilen bereits. Bohl und Kucharz (2010) erarbeiten für diese neue Lernkultur und die veränderte Rolle der Lehrkraft fünf Möglichkeiten für ein verändertes Classroom Management:
- Übertragung der Merkmale Kounins (▸ Kap. 2.2) auf offene und geöffnete Formen des Unterrichts in der neuen Lernkultur,
- Präferenz präventiver Maßnahmen der Klassenführung, z. B. im Sinne Evertsons (▸ Kap. 2.3),
- die Strukturiertheit von Unterricht (▸ Kap. 3.3) über Aufgaben, Materialien und letztlich das gewählte Lehr-Lern-Arrangement herzustellen,
- ein Hauptaugenmerk im Classroom Management auf das individuelle Beraten zu legen,
- Classroom Management in der neuen Lernkultur im Lehrerkollegium insgesamt (z. B. im Prozess einer Schulentwicklung) zu verankern.

Es wird deutlich, dass sich viele Aspekte des Classroom Managements aus »klassischen« Lehr-Lern-Settings übertragen lassen; dabei sollte man sich jedoch bewusst machen, dass z. B. Beaufsichtigen und Überwachen der Lerntätigkeit im Frontalunterricht etwas anderes bedeutet als in der Projektarbeit.

2.6 Instrumente und Verfahren zur Evaluation der eigenen Klassenführung

Bereits in Kapitel 2.4 wurde der Linzer Diagnosebogen zur Klassenführung vorgestellt. Er ist für Lehramtsstudierende, Referendarinnen und Referendare sowie Lehrerinnen und Lehrer gedacht, »die sich Klarheit über ihr pädagogisches Handeln sowie über dessen Rahmenbedingungen und Auswirkungen verschaffen möchten, um ihr Handeln weiter zu entwickeln« (Mayr, Eder, Fartacek, Lenske & Pflanzl 2016). Der Bogen liegt in verschiedenen Versionen zur Eigen- und Fremdevaluation vor. Damit können Lehrkräfte sich selbst, gegenseitig, aber auch Referendarinnen und Referendare oder Praktikantinnen und Praktikanten einschätzen. Ebenso gibt es Bögen, mit denen Schülerinnen und Schüler ihre Lehrkraft einschätzen können. Zudem sind die Bögen (sprachlich) angepasst für den Einsatz in der Grundschule sowie in den Sekundarstufen I und II.

Eine weitere Möglichkeit der Evaluation des eigenen Classroom Managements besteht über die kollegiale Hospitation. Gegenseitige Unterrichtsbesuche, die einen bestimmten Beobachtungsauftrag im Fokus haben (»Bitte beobachte doch mal, wie ich mit Störungen umgehe«), ermöglichen es, den eigenen Blick auf das Lehrerhandeln zu erweitern. Daran anschließend kann man gemeinsam Möglichkeiten finden, das Verhalten auszubauen, zu überdenken oder zu verändern.

Eine dritte Möglichkeit stellt die Videografie dar, die in den letzten Jahren verstärkt Einzug in Forschung und Unterrichtspraxis gefunden hat (vgl. zusammenfassend Syring 2014; Kohler, Prinz, Schneider & Syring 2015). Der eigene Unterricht wird dabei mittels Videokamera aufgezeichnet, wobei die Lehrkraft im Fokus der Aufzeichnung stehen sollte. Unterrichtsvideos bieten den Vorteil, dass sie eine Abbildung der komplexen Wirklichkeit sind und gleichzeitig die Konzentration auf bestimmte Ausschnitte und Verhaltensweisen zulassen (Reusser 2005; Sherin 2004; Sherin & van Es 2009). Anhand dieser Videos können bestimmte Aspekte des Classroom Managements allein oder im Rahmen sogenannter Video Clubs mit mehreren Kolleginnen und Kollegen analysiert werden. Der große Vorteil besteht darin, befreit vom Handlungsdruck in der konkreten Unterrichtssituation über das eigene Verhalten reflektieren zu können und mögliche Handlungsalternativen zu diskutieren. Die Analyse der Videoausschnitte sollte wie bei der kollegialen Hospitation unter einer konkreten Fragestellung erfolgen. Der Analyseprozess selbst findet in vier Schritten statt (u. a. Seidel & Prenzel 2008; Schneider 2016; Syring et al. 2013), in der Wissenschaft spricht man hier von Beobachtungs- und Analysekompetenz:

- Relevante Situationen für das Classroom Management (selektive Aufmerksamkeit bzw. *selective attention*) werden selektiert bzw. identifiziert.
- Die ausgewählten Situationen werden ohne Wertungen und Vermutungen beschrieben.
- Das Verhalten der Lehrkraft in der Situation wird mit Blick auf Ursachen und (mögliche) Konsequenzen erklärt. Dabei wird konzeptuelles Wissen zum Thema Classroom Management an den Unterrichtsausschnitt herangetragen.
- Abschließend werden mögliche Handlungsalternativen erörtert und eine Bewertung vorgenommen, wie dass Classroom Management im vorliegenden Ausschnitt vor dem Hintergrund anderer Alternativen einzuschätzen ist.

Ein ähnliches Vorgehen zur Analyse bietet sich auch für die Arbeit mit Unterrichtsfällen an, wie sie sich am Ende des Buches befinden. Dort wird in Kapitel 6.2 auch nochmals detailliert auf ein Analyseschema eingegangen.

2.7 Klassenführungstrainings

Es liegen derzeit verschiedene Trainings bzw. Trainingsmanuale (Bücher) vor, die dabei helfen sollen, das eigene Classroom Management zu reflektieren und zu verbessern.

Kiel, Frey und Weiß (2013) entwickelten das sogenannte *PAUER-Training* und stellen dies in ihrem *Trainingshandbuch Klassenführung* vor. Sie nehmen Bezug auf die Arbeiten von Evertson und Kounin und konzentrieren sich auf die Aspekte Präsenz, Aktivierung, Unterrichtsfluss, Empathie und Regeln. Ebenso richten sie den Fokus stark auf den Zusammenhang zwischen effizientem Classroom Management und Ressourcenschonung von Lehrkräften (Thema Lehrergesundheit).

Ein weiteres Trainingsbuch ist der Band *Klassenmanagement: Ein Handbuch für Studium und Praxis* von Ophardt & Thiel (2013). Das Buch entstand im Rahmen der Konzeption einer Fortbildungsveranstaltung zum Thema Classroom Management.

Eine weitere Quelle zur Verbesserung des eigenen Handelns bieten die Handreichungen von Nolting (2002) oder von Haag & Streber (2012a) sowie die Prinzipien einer schüler- und lehrerzentrierten Klassenführung von Freiberg (2013) bzw. Freiberg & Lapointe (2006).

Bisher wurden überwiegend Trainings zum Classroom Management in Form von Weiterbildungen konzipiert (z. B. auch Evertson & Harris 1999; Havers 1998). Für die erste Phase der Lehrerbildung finden sich bisher nur vereinzelte Trainings, vor allem mit Fokus auf der Ausbildung professioneller Wahrnehmungskompetenz (für die Ausbildung von Grundschullehrkräften: Gold, Förster & Holodynski 2013; für die Ausbildung von Gymnasiallehrkräften: Syring et al. 2013).

Grundsätzlich gilt für alle Trainings, Tipps und Handlungshinweise, dass diese vor jedem Einsatz auf den individuellen Nutzen und die Übertragbarkeit auf die vorliegende, konkrete Situation hin überprüft werden sollten. Zudem gilt, dass eine Maßnahme, die vielleicht bei 99 von 100 Lehrkräften zu einem störungsärmeren Unterricht geführt hat und in der Literatur empfohlen wird, genau in einem Fall vielleicht nicht das erwünschte Resultat bringt. Dies hängt mit der hohen Komplexität und der Unvorhersagbarkeit der sozialen

Situation »Unterricht« zusammen (▸ Kap. 1.1). Daher kann festgehalten werden, dass Wissen, Kompetenzen und auch Übungen und Trainings zum Classroom Management wichtig sind, die Fähigkeit zur Reflexion jedoch dabei unabdingbar ist.

3. Unterrichtsgestaltung

Es handelt sich um eine Deutschstunde zum Thema *Rolltreppe abwärts* (Einführungsstunde zu einem neuen Buch) in der 8. Klasse einer Hauptschule. Es ist zunächst unruhig, denn die Schülerinnen und Schüler reden noch miteinander. Die Lehrerin versucht für Ruhe zu sorgen mit den Worten »Also. Los geht's.«. Da es immer noch nicht gleich ruhig wird, zählt sie einige Namen auf: »Jasmin«, »Timmy«. Es wird langsam ruhig. Ein Schüler will noch etwas Organisatorisches klären: »Ich hab noch einen Zettel, soll ich den abgeben?« Die Lehrerin sammelt ihn schnell ein, worauf sich der Nächste meldet und den Zettel noch abgeben will. Da die Lehrerin mit dem Unterricht beginnen will, sagt sie: »Und der Rest gibt's mir nachher. Das ist mir, glaube ich, lieber. Das machen wir einfach nach der Deutschstunde. Jetzt machen wir ganz normal weiter, ja?« Anschließend geht die Lehrerin zu einer Pinnwand, die vor der Klasse steht und heftet ein Blatt mit der Überschrift »Rolltreppe abwärts« und dem Foto einer Rolltreppe an. Während sie mit dem Rücken zur Klasse steht, beginnt ein leises Schwatzen. Sie dreht sich um und wartet einige Sekunden bis sie sagt: »Kein Mensch sagt etwas.« Als nach kurzer Zeit Ruhe eingekehrt ist, fragt sie eine Schülerin, mit welchem Thema heute begonnen wird, und diese nennt das Thema »Rolltreppe abwärts«. Bereits vor der Stunde hatte die Lehrerin jedem einen leeren, farbigen Zettel unter den Tisch gelegt, den die Schülerinnen und Schüler nun vornehmen sollen. Einige finden den Zettel nicht gleich; auf eine Nachfrage »Bei mir ist keiner«, entgegnet die Lehrerin: »Du hast auch einen, ganz sicher. Ich hab nämlich deine Unordnung gesehen.« Anschließend gibt die Lehrerin die Arbeitsanweisung: »Schreibe bitte ganz schnell auf und ohne zu spicken: Was fällt dir ein, wenn du einfach mal an eine Rolltreppe denkst? Was fällt dir ein? Ganz schnell.« Die Schülerinnen und Schüler beginnen nachzudenken und zu schreiben, die Lehrerin geht dabei durch die Klasse und schaut den Schülerinnen und Schülern »über die Schulter«.

Anschließend werden die Zettel vorgelesen und von den Schülerinnen und Schülern an die Pinnwand gepinnt. Danach verteilt die Lehrerin jeweils ein Buch pro Bankreihe und das gemeinsame laute Lesen der ersten beiden Seiten beginnt.

Die Lehrerin unterbricht das Vorlesen mit den Worten »Danke«, nimmt einige vorbereitete bunte Zettel in die Hand und fragt: »Wer zieht mir eine Frage?« Daraufhin melden sich viele Schülerinnen und Schüler. Eine Schülerin fragt, ob sie eine ziehen darf. »Komm her. Eileen. Lies sie laut vor!« Sie liest die Frage »Welche Grundstimmung herrscht auf der ersten Seite?« vor und soll sie auch gleich beantworten. Die Lehrerin stellt die Frage nach einigen Sekunden nochmals anders: »Welches Gefühl hast du, wenn du die erste Seite liest?« Andere Schüler der Klasse ergänzen ihre Antworten auf Nachfragen der Lehrerin. Die Lehrerin geht zum nächsten Schüler, der eine Frage zieht, vorliest und beginnt, diese zu beantworten. Dabei wird er durch die Lehrerin unterbrochen, weil es ihr zu laut ist: »Warte mal, Bene.« Sie dreht sich zu ein paar Schülern um, danach beantwortet der Schüler weiter die Frage. Der nächste Schüler will eine Frage ziehen, wird aber dabei unterbrochen, weil andere »auch mal ziehen wollen«. Im Hintergrund wird immer wieder getuschelt. Der Schüler zieht die Frage: »Wie könnte die Geschichte nach den ersten zwei Seiten weitergehen?«. Da die Schüler den Film zum Buch schon gemeinsam gesehen haben, merkt die Lehrerin selbst an, dass es eine unpassende Frage ist: »Ne, ihr wisst ja eigentlich schon … ihr wisst ja eigentlich schon, wie sie weitergeht. Aber wenn du jetzt die erste Seite liest: Was glaubst du, wie geht die Geschichte weiter?« Nach einigen Antworten darf eine Schülerin die letzte Frage ziehen und beantworten. Ein weiterer Schüler, der sich meldet, soll ergänzen, wollte aber genau die gleiche Antwort geben: »Wolltest du auch sagen? Gut. Prima.« Zwei Schülerinnen melden sich noch, werden aber von der Lehrerin nicht gesehen oder aufgerufen. »Weiter geht's, wenn ich mein Buch finde. Wer hat gerade zuletzt gelesen? Simon, ruf bitte ein Mädchen auf.«

Nach dem gemeinsamen Lesen erarbeiten die Schülerinnen und Schüler in Partnerarbeit Charakteristiken der ersten vorgestellten Personen (Personencharakterisierungen); die Lehrerin geht dabei immer wieder durch die Klasse. Am Ende der Stunde verteilt die Lehrerin Aufgaben für die kommende Deutschstunde, in der sie nicht anwesend sein wird.

In den folgenden Unterkapiteln geht es zunächst um die Unterrichtsgestaltung als eine der drei Kerndimensionen von Classroom Management. Dabei wird auf Aspekte der Unterrichtsvorbereitung eingegangen, anschließend werden Aspekte der Gestaltung im Unterricht behandelt. Der Grundaufbau der Unterkapitel ist dabei immer gleich: Es wird aufgezeigt, was sich hinter dem jeweiligen Aspekt verbirgt und welche theoretischen und empirischen Befunde es gibt. Es wird eine Verbindung zum eingangs geschilderten Fall hergestellt. In jedem Unterkapitel finden sich auch Handlungsempfehlungen, also Modelle, Theorien oder Schemata, Verweise auf Materialien oder empirisch geprüfte Handlungsratschläge.

Zum Bereich der Unterrichtsgestaltung für ein gutes Classroom Management werden folgende Aspekte behandelt:
- Unterricht vorbereiten,
- bedeutsame Lernziele,
- strukturierter Unterricht,
- Raum vorbereiten,
- Flüssigkeit und Schwung,
- Sachmotivation und interessanter Unterricht,
- unterrichtliche Klarheit und klare Arbeitsanweisungen,
- Abwechslung und Herausforderung.

3.1 Unterricht vorbereiten

Das Kernziel einer jeden Unterrichtsvorbereitung ist es, die Wahrscheinlichkeit zu erhöhen, dass Schülerinnen und Schüler im Unterricht etwas lernen. Dazu benötigen diese aktive bzw. echte Lernzeit, also Zeit, in der sie sich wirklich und intensiv mit dem Lerngegenstand auseinandersetzen können. In einer Studie analysierten Rutter et al. (1980) für 15.000 Unterrichtsstunden den Anteil der Zeit, die als »echte« Lernzeit zur Verfügung stand. Im Ergebnis konnten sie feststellen, dass im Vergleich verschiedener Schulen diese Zeit zwischen 65 % und 85 % variiert. Eine gute Unterrichtsvorbereitung setzt folglich daran an, ein hohes Maß an aktiver Lernzeit zu gewinnen.

Thomas & Hennemann (2013) nennen folgende Maßnahmen des vorbereiteten Unterrichts, die zu einer Erhöhung der aktiven Lernzeit führen:

- Pünktlicher Unterrichtsbeginn: Die Lehrkraft beginnt pünktlich mit dem Unterricht.
- Administratives hat extra Zeit: Die Lehrkraft vergeudet keine Zeit mit organisatorischen Klärungen. Dafür sollte es eine feste Zeit im Stundenplan oder in der Stundenplanung geben, zu der solche Dinge geklärt werden. Möglich wäre auch die Etablierung eines Systems für administrative Fragestellung (z. B. Kastensystem bei Raumgestaltung, auch ▸ Kap. 3.4).
- Unterrichtsplanung ist verinnerlicht: Der geplante Unterrichtsablauf ist verinnerlicht, damit vor allem Übergänge zwischen verschiedenen Unterrichts- bzw. Arbeitsphasen zügig mithilfe prägnanter Anweisungen erfolgen können.
- Material und Medien: Das notwendige Material liegt bereit und die benötigten Medien (Overheadprojektor, CD-Spieler, Beamer etc.) wurden getestet.
- Ziele kommunizieren: Die Erwartungen an die Schülerinnen und Schüler und die Lernziele sind thematisiert (verbal oder an der Tafel fixiert).
- Regeln und Routinen: Regeln sind den Schülerinnen und Schülern bekannt. Auch entsprechende Routinen sind eingeübt, z. B. die Begrüßung zum Stundenbeginn.
- Aktivierung: Die vorbereitete Aufteilung der Unterrichtsstunde (Phasierung), die Methoden- und Medienwahl sowie die Auswahl der Sozialformen ermöglicht eine breite Aktivierung aller Schülerinnen und Schüler.
- Aufgabenstellungen: Zur Vorbereitung gehören auch die (differenzierten) Aufgabenstellungen: Sie haben ein herausforderndes Niveau, sind der geplanten Lernzeit angepasst und ermöglichen ebenso eine breite Aktivierung der Lernenden.

Ein gut vorbereiteter Unterricht sorgt dafür, dass mögliche Störungsquellen und Unsicherheiten von Anfang an mit reflektiert und soweit es geht »ausgeschaltet« werden, wodurch die aktive Lernzeit erhöht wird. Zur Unterrichtsvorbereitung zählt dabei die Planung und Strukturierung des Unterrichts (▸ Kap. 3.3) inklusive der Vorbereitung von Materialien, Aufgaben und Medien, die Vorbereitung des Raums (▸ Kap. 3.4), insbesondere in Abstimmung mit den zu verwendenden Methoden und Sozialformen, sowie die Planung, Einübung und Anwendung von Regeln und Routinen (▸ Kap. 5.1).

Eine gut geplante Unterrichtsstunde greift alle genannten Aspekte der Unterrichtsplanung auf. Es finden sich zahlreiche Handbücher und Empfehlungen (gerade für Lehramtsanwärterinnen und -anwärter), die einen Überblick über die zu beachtenden Aspekte geben (z. B. Kiel, Haag, Keller-Schneider & Zierer 2014; Meyer 2014). Im Wesentlichen werden in allen Büchern folgende Dimensionen und Aspekte im Prozess der Unterrichtsplanung genannt, die für einen gut vorbereiteten Unterricht sorgen und damit präventiv die Wahrscheinlichkeit von Unterrichtsstörungen minimieren:

- Dimension: Bedingungsfaktoren
  - Lernvoraussetzungen der Lerngruppe untersuchen
  - Lehrplanvorgaben und Bildungsstandards prüfen
  - Voraussetzungen der Lehrkraft reflektieren
  - Weitere Rahmenbedingungen (Zeit, Ort etc.) klären
- Dimension: Didaktische Analyse und Sachanalyse
  - Angestrebte Kompetenzen festlegen und Lernziele formulieren
  - Thema bzw. Lerngegenstand passend zum Lernziel auswählen und eigenes Vorwissen verbessern
  - Thema bzw. Lerngegenstand didaktisch analysieren und aufbereiten
- Dimension: Unterrichtliche Analyse und Vorbereitung
  - Unterrichtsform, Methoden und Sozialformen festlegen
  - Medien und Materialien aussuchen, Aufgaben auswählen oder entwickeln, Tafelbild und ggf. besonderen Sitzplan entwickeln
  - Differenzierung, z. B. über Aufgaben, Materialien, Sozialformen etc. organisieren
  - Rituale und Regeln berücksichtigen
  - Ablauf strukturieren

Eine Unterrichtsplanung, die die genannten Dimensionen und Aspekte beinhaltet, ermöglicht eine gut strukturierte Unterrichtsstunde, in der wenig Leerlauf und damit kaum ein Verlust an Lernzeit entsteht.

Im eingangs geschilderten Fall lassen sich einige der genannten Aspekte der Unterrichtsvorbereitung wiederfinden, die für ein gutes oder weniger gutes Classroom Management sprechen. Der Unterrichtsbeginn kann nicht pünktlich erfolgen, da es kein klares Ritual (dies kann auch das Klingeln der Schulglocke sein!) gibt. Hier wird bereits erste Zeit verloren. Anschließend wird sichtbar, dass es kein System für die Klärung organisatorischer Dinge gibt. Ein Schüler darf etwas abgeben, dann wollen alle abgeben, dann darf keiner mehr abgeben. Gemeinsam mit dem stillen Impuls (Bild der Rolltreppe) und der Klasse wird das Ziel der Stunde bzw. das Thema geklärt. Die Schülerinnen und Schüler wissen also, wo es hingehen soll. Auch sind die Materialien und Medien zu Beginn der Stunde vorbereitet und einsatzbereit. Gut zeigt sich hier, dass keine Zeit unnötig durch das Austeilen der Moderationskarten verloren geht, da diese bereits vor der Stunde durch die Lehrkraft unter die Tische der Schülerinnen und Schüler gelegt wurden.

3.2 Bedeutsame Lernziele

In den aufgezeigten Dimensionen der Unterrichtsplanung findet sich unter der didaktischen Analyse und Sachanalyse auch die Festlegung der angestrebten Kompetenzen und damit die Formulierung von Lernzielen (▸ Kap. 3.1).

Dabei ist es notwendig, die zu erreichenden Lernziele nicht nur zu formulieren, sondern den Schülerinnen und Schülern auch zu kommunizieren. Diese sollten wissen, was sie lernen sollen und vor allem zu welchem Zweck. Dadurch kann die Wahrscheinlichkeit erhöht werden, dass die Schülerinnen und Schüler den Lerngegenstand als bedeutsam empfinden und die Bereitschaft entwickeln, sich mit ihm auseinanderzusetzen. Gängigen Lerntheorien (z. B. Piaget) folgend sind beide Aspekte wichtige Voraussetzungen, um einen Lernprozess in Gang zu setzen und aufrechtzuerhalten. Durch die

Bedeutsamkeit erhöht sich auch die Wahrscheinlichkeit, dass sich die Schülerinnen und Schüler aktiv mit dem Lerngegenstand auseinandersetzen und die Wahrscheinlichkeit von Unterrichtsstörungen sinkt.

Für den Pädagogen Wolfgang Klafki (1991), den Begründer der bildungstheoretischen und der kritisch-konstruktiven Didaktik, ergibt sich die Legitimation eines Themas als Lerngegenstand (Warum sollen meine Schülerinnen und Schüler das lernen?) über drei Ebenen der Bedeutsamkeit: die Gegenwartsbedeutung, die Zukunftsbedeutung und die exemplarische Bedeutung. Diese drei Bedeutungen finden sich in seinen ersten drei didaktischen Grundfragen wieder und werden im Folgenden kurz vorgestellt:

- Gegenwartsbedeutung
  - Was können die Schülerinnen und Schüler bereits?
  - Welche Fähig- und Fertigkeiten besitzen sie schon für das betreffende Thema?
  - Was wissen die Lernenden bereits zum Thema?
  - Wo, wann und in welcher Situation könn(t)en die Schülerinnen und Schüler heute ihr Wissen und Können (die zu erwerbende Kompetenz) anwenden?

Bei der Gegenwartsbedeutung geht es darum zu fragen, inwiefern das Lernziel und das damit verbundene Wissen bzw. die damit verbundenen Kompetenzen einen Bezug zur Gegenwart und zur Lebenswirklichkeit der Schülerinnen und Schüler haben. Im Idealfall wurde der Lerngegenstand bzw. das Lernziel selbst durch Fragen der Schülerinnen und Schüler aufgeworfen, z. B. weil es sich mit außerschulischen Erfahrungen der Lernenden verknüpfen lässt. In der Regel muss das Thema bzw. das mit ihm verknüpfte Lernziel erst in den Fragenhorizont der Schülerinnen und Schüler gebracht werden. Hier hilft es, sich die Frage zu stellen, welche Aspekte des Themas oder Lernziels möglicherweise bereits einen Zugang für die Schülerinnen und Schüler darstellen. Fernab des Lerngegenstandes kann dies auch eine Unterrichtsmethode, ein Medium o. ä. sein, worüber ein Gegenwartsbezug hergestellt werden kann. Um die Gegenwartsbedeutung adäquat berücksichtigen zu können und somit bedeutsame Lernziele zu entwickeln, ist es wichtig zu wissen, welche Interessen und Bedürfnisse die Schülerinnen und Schüler haben. Dazu ist es notwendig, diese auch über ihre Rolle als Lernende hinaus wahrzunehmen, nämlich als Kinder und Jugendliche (vgl. Syring, Bohl & Treptow 2016).

– Zukunftsbedeutung
    - Welche Bedeutung hat der Gegenstand, das Thema bzw. das Lernziel für die Zukunft der Schülerinnen und Schüler?
    - Inwiefern sind mit dem Thema bzw. Lernziel Kulturtechniken und Kompetenzen verbunden, die Schülerinnen und Schüler für die zukünftige private und berufliche Lebensführung benötigen?

Die Bedeutsamkeit wird bei dieser Frage danach beurteilt, inwiefern ein Thema bzw. Lernziel eine wichtige Stellung nicht nur im aktuellen Leben der Schülerinnen und Schüler einnimmt, sondern diese Stellung auch im künftigen Leben bzw. der Welt, in der die Lernenden hineinwachsen, hat. Ebenso stellt sich dabei die Frage, ob das Thema bzw. Lernziel in Zukunft überhaupt noch Bedeutung hat oder umgekehrt erst Bedeutung erlangen wird. Ein Lernziel oder Gegenstand, der bereits jetzt nicht mehr zur Lebenswirklichkeit der Schülerinnen und Schüler passt, lässt sich nur schwer damit legitimieren, dass dieser in Zukunft Bedeutung haben wird. Bei manchen Lernzielen bleibt die künftige Bedeutsamkeit generell verborgen, da sie den Lernenden nur schwer eröffnet werden kann. Wenn dies der Fall ist, so muss die Lehrkraft ihre Entscheidung zur Auswahl des Lernziels zunächst allein verantworten. Gerade hier ist das Vertrauen (▸ Kap. 4.6) zwischen Lernenden und Lehrkraft, welches eine weitere wichtige Dimension im Classroom Management darstellt, von hoher Bedeutung. Generell kann man unter Bezug auf die zukünftige Bedeutsamkeit immer auch die Frage stellen, inwiefern das Lernziel bzw. der Gegenstand generellen Zielen von Schule und Unterricht folgt – wie Eigenverantwortung, Mündigkeit, Mit- und Selbstbestimmung etc. der Schülerinnen und Schüler.

- Exemplarische Bedeutung
  - Verweist das Thema bzw. das Lernziel auf einen allgemeinen Sachverhalt?
  - Wird ein übergreifendes Problem (bei Klafki: epochales Schlüsselproblem) durch den Gegenstand bzw. das Lernziel erschlossen?
  - Welches Grundprinzip, welche Fähigkeit bzw. Fertigkeit oder welche Einstellung und Haltung lässt sich in der Auseinandersetzung mit dem Thema bzw. mit dem Lernziel exemplarisch erfassen?

In Zeiten der »Wissensgesellschaft« und von »Wissensexplosion« kann man nicht alles lernen. Daher muss sich die Lehrkraft bei der Themen- und Zielauswahl beschränken und die Frage stellen, auf welche allgemeinen Regeln, Gesetzmäßigkeiten und Zusammenhänge sowie Strukturen und Handlungsmöglichkeiten (Fähigkeiten, Fertigkeiten, Methoden, Techniken etc.) die Schülerinnen und Schüler beim Umgang mit dem ausgewählten Gegenstand stoßen können. Die Frage ist also, was die Lehrkraft grundsätzlich – exemplarisch – an dem Gegenstand zeigen kann bzw. wofür das Lernziel exemplarisch steht.

> Im eingangs geschilderten Fall präsentiert die Lehrkraft zu Beginn der Stunde zwar das Thema, jedoch geht sie nicht auf die Lernziele der Stunde ein. Generell kann man vermuten, dass sich die Gegenwartsbedeutung womöglich für die Schülerinnen und Schüler schwer erschließen wird, da sie bereits den Film zum Buch gesehen haben und somit die Frage im Raum steht, welches Ziel jetzt noch mit dem Lesen des Buches verbunden wird. Mit dem stillen Impuls zu Beginn der Stunde (Bild der Rolltreppe) versucht die Lehrkraft, an die Lebenswelt der Schülerinnen und Schüler (Gegenwartsbedeutung) anzuknüpfen. Inwiefern ihr das gelingt, wird nicht sichtbar.

Grundsätzlich sollten sich bei der Auswahl von Unterrichtsgegenständen und der Formulierung von Lernzielen alle drei Bedeutungsebenen beantworten lassen. Trifft dies bei einem Thema nicht zu, wird es schwierig, dies den Schülerinnen und Schülern »zu verkaufen« und sie dazu zu bringen, sich aktiv mit dem Lerngegenstand auseinanderzusetzen. Wie bereits erwähnt, sind jedoch nicht bei jedem Thema und Lernziel sofort alle Bedeutungsebenen erkenn- und nachvollziehbar. Hierfür bedarf es auch des Vertrauens der Schülerinnen und Schüler in die Lehrkraft, dass diese das Thema bzw. Lernziel mit guten Gründen ausgewählt hat.

Zusammenfassend lässt sich festhalten, dass bedeutsame Lernziele auf Schülerinnen- und Schülerseite dazu beitragen, dass diese:
- die Bedeutung des Lerngegenstandes beurteilen können,
- eine erleichterte Lernerfolgskontrolle (auch individuell im Sinne der Eigenverantwortung) durchführen können,
- den Nutzen des Lerngegenstandes erkennen,
- ihre Lernaktivitäten auf das Lernziel hin ausrichten und den Lernweg planen können sowie
- selbstgesteuert Lernen und die eigene Lerneffizienz steigern können.

Zu Beginn des Kapitels wurde darauf hingewiesen, dass Lernziele im Sinne eines guten Classroom Managements auch transparent kommuniziert werden sollten. Damit Schülerinnen und Schüler diese Lernziele verstehen (auch ▸ Kap. 3.7 zur Klarheit) und diese für sie auch brauchbar sind, sollen noch einige Hinweise zur Formulierung genannt werden:
- *Operationalisierung:* Lernziele müssen ein beobachtbares bzw. messbares Verhalten beschreiben.
- *Verbalisierung:* Ein Verb sollte immer das Schlüsselwort im Lernziel sein, welches beschreibt, was der Lernende konkret mit dem Lernziel erreichen soll. Das Verb sollte aussagekräftig sein (z. B. »nennen, erklären, ausführen« anstatt »wissen, kennen, verstehen«) und am Ende des Lernziels stehen.
- *Subjektivierung:* Der Lernende ist immer Subjekt des Lernziels.
- Lernziele sollten schüler- und handlungsorientiert sein, Adjektive sollten in der Formulierung daher entfallen.

3.3 Strukturierter Unterricht

Die Unterrichtsstunde sollte durch klare zeitliche und räumliche Strukturen gestaltet werden (Alam 2016), um einen organisierten Lehr-Lernprozess zu ermöglichen, in dem ein hohes Maß an aktiver Lernzeit zur Verfügung steht. Aus diesem Grunde kommt der Unterrichtplanung und dem Prinzip der Strukturierung (Kiel 2012) eine hohe Bedeutung im Classroom Management zu. Einem strukturierten Unterricht geht ein Auswahlprozess voraus, in dem die Lehrkraft Entscheidungen trifft, die sich dann auf den Unterricht auswirken. Dabei können folgende vier Fragen zur Orientierung dienen:

- Welche Lehr-Lern-Prozesse sollen in der Unterrichtsstunde stattfinden und können vorweg geplant werden (Gegenstand, Ziele etc.)?
- Welche Rollen sollen die Schülerinnen und Schüler sowie die Lehrkraft im Unterricht übernehmen (Sozialformen)?
- Welche Arbeits- und Kommunikationsformen sollen im Unterricht angewendet werden (Medien, Materialien etc.)?
- Welche Lehr-Lern-Arrangements und zeitliche bzw. räumliche Ressourcen werden benötigt (Methoden etc.)?

Die konkrete Beantwortung dieser Fragen und damit auch die Strukturierung der Unterrichtsstunde ist abhängig davon, auf welche Ziele hin der Unterricht strukturiert wird (▶ Kap. 3.2) und welche Voraussetzungen aufseiten der Schülerinnen und Schüler, der Lehrkraft aber auch auf organisatorisch-institutioneller Ebene (Rahmenbedingungen wie Zeit, Raum etc.) vorliegen.

In Anlehnung an Kiel (2012), der das Unterrichtsprinzip der Strukturierung sehr ausführlich in seinem Buch beschreibt, soll einerseits auf fünf Aspekte moderner Unterrichtsstrukturierung eingegangen werden (Merrill 2002) und andererseits ein Planungsschema für den Unterricht, das AVIVA-Schema, vorgestellt werden. Beide Modellen sind wichtig für ein gutes Classroom Management.

David Merrill (2002) untersuchte zahlreiche Instruktionsansätze und Lehr-Lern-Modelle für den Unterricht und leitete daraus fünf Aspekte einer modernen Unterrichtsstrukturierung ab, die dabei helfen sollen, Unterricht den Bedürfnissen des 21. Jahrhunderts angemessen zu planen. Im Folgenden werden seine »First Principles of Instruction« benannt und erläutert:

Aufgaben- bzw. Problemzentrierung (Task/Problem-Centered)

Nach Merrill (2002) lernen Schülerinnen und Schüler mehr im Unterricht, wenn im Mittelpunkt dessen ein für die Lernenden relevantes Problem steht. Er nennt dies *real-world problem*. Die Aufgabenstellung sollte dabei so gestaltet sein, dass sich das Problem in mehrere Teilprobleme oder Teilaufgaben zerlegen lässt, die eine Steigerung von leicht zu schwer beinhalten. Die Probleme sollten aus der Lebenswelt der Schülerinnen und Schüler stammen und für diese bedeutsam und von Interesse sein (▸ Kap. 3.6). Ebenso sind Probleme und Aufgaben möglich, die für die Lernenden unerwartet sind oder sie ins Staunen versetzen.

Aktivierung (Activation)

Schülerinnen und Schüler müssen im Unterricht aktiviert werden: Sie lernen mehr, wenn sie an bereits vorhandenes Vorwissen anknüpfen, Wissensstrukturen »aufrufen« oder eine Wissensstruktur angeboten bekommen, um neues Wissen zu organisieren. Alle drei genannten Aspekte des Lernprozesses müssen in der Strukturierung (durch eigene Phasen) berücksichtigt werden. Ausgangspunkt einer jeden Unterrichtsstunde bzw. einer neuen Lehr-Lern-Einheit innerhalb einer Stunde sollte dabei die Aktivierung von vorhandenem Wissen sein sowie die Möglichkeit, das neu zu erlernende Wissen daran anzuknüpfen. In dieser Phase der Aktivierung ist es wichtig, nicht nur Expertise- bzw. wissenschaftliches Wissen bei den Schülerinnen und Schülern zu (re-)aktivieren, sondern auch ihre subjektiven Theorien und/oder Fehlkonzepte »ans Tageslicht« zu fördern. Diese sind wirkmächtiger als wissenschaftliches Wissen und können einen neuen Wissenserwerb behindern.

Wissenspräsentation bzw. Vorführung (Demonstration)

Das dritte Prinzip beinhaltet die Wissensdarbietung für die Schülerinnen und Schüler. Nach Merrill (2002) wird mehr gelernt, wenn das Wissen im Kontext der o. g. realen Probleme vorgeführt wird.

Die Präsentation des Wissens sollte dabei sowohl theoretische Inhalte, als auch Fähigkeiten und Fertigkeiten adressieren. Insgesamt sollten verschiedene Präsentations- und Repräsentationsformen im Unterricht verwendet werden. Die fachgerechte Präsentation des Wissens ist z. B. gegenüber dem klassischen fragend-entwickelnden Unterricht dabei sehr viel fruchtbarer (Kiel, 2012).

Anwendbarkeit (Application)

Im Mittelpunkt des Unterrichts und der Arbeit mit Problemen und Aufgaben sollte ebenso der Anwendungsbezug stehen. Schülerinnen und Schüler lernen mehr, wenn sie das Wissen, welches sie bei der Bearbeitung oder Lösung von Problemen im Unterricht erarbeiten, später auch in ihrer Lebenswelt anwenden können (vgl. Gegenwarts- und Zukunftsbedeutung bei Klafki, ▸ Kap. 3.2). In der Anwendungsphase im Unterricht sollten die Lernenden dabei selbstständig arbeiten und durch die Lehrkraft begleitet werden. Diese sollte dabei Feedback-Methoden nutzen und nur korrigierend eingreifen. Die Unterstützung kann im Laufe einer solchen Einheit zunehmend verringert werden.

Wissensintegration (Integration)

Eng mit der Anwendbarkeit verknüpft ist die Integration des neu gelernten Wissens in den Alltag der Schülerinnen und Schüler. Diesen Schritt müssen diese selbst vollziehen, er kann jedoch durch die Lehrkraft unterstützt werden. Schülerinnen und Schüler lernen nach Merrill (2002) mehr, wenn sie ermutigt werden, ihr neues Wissen in ihrem Leben durch Reflexion, Diskussion, und/oder Präsentation zu integrieren. Im Idealfall demonstrieren die Lernenden nach dem Unterricht ihr Wissen im Alltag ihren Freunden oder Eltern, »verteidigen« das neu Gelernte bzw. setzen es ein.

Diese fünf Prinzipien helfen dabei, eine erste Orientierung für die Strukturierung des Unterrichts zu gewinnen. Ein geplantes Thema sollte, bevor es zum Unterrichtsgegenstand wird, daraufhin geprüft werden, ob sich die Prinzipien anwenden lassen bzw. erfüllt werden. Kiel (2012, S. 23) formuliert dafür aus den fünf Prinzipien Anweisungen:

»1. Wähle als Ausgangspunkt des Unterrichts möglichst ein Problem aus der Lebenswelt der Schüler.
2. Sorge dafür, dass es Situationen gibt, in denen Vorwissen über den Unterrichtsgegenstand aktiviert wird.
3. Neues Wissen sollte demonstriert werden z. B. durch Veranschaulichungen, reales Handeln oder Simulationen [...]. Dies kann durch die Lehrperson, aber auch durch die Schüler geschehen.
4. Im Verlaufe des Unterrichts oder eines Unterrichtsgangs sollten Schüler ihr Wissen auf variierende Probleme anwenden können.
5. Rege an, das neue Wissen oder neue Fähigkeiten außerhalb des Unterrichts zu demonstrieren, einzusetzen oder nötigenfalls zu verteidigen.« (S. 27)

Natürlich bieten diese fünf Prinzipen noch kein Schema zur Strukturierung. Dafür gibt es in der Literatur zahlreiche – und man möchte meinen, dass jede Hochschule, jedes Studienseminar und jede Lehrkraft ihr eigenes Planungsschema für den Unterricht hat. Spätestens mit der Reformpädagogik entstanden Planungsschemata, sogenannte Artikulationsschema, die sich an den Denkprozessen der Schülerinnen und Schüler orientieren und Unterricht dementsprechend in Phasen einteilen. Ein solches Schema, das AVIVA-Schema, entwickelten Städeli, Grassi, Rhiner & Obrist (2010) nach Herbart und orentiert an den eben angesprochenen Denkprozessen von Dewey, Roth und der marxistischen Tätigkeitstheorie. Das AVIVA-Schema weist viele Parallelen zu den fünf Prinzipien nach Merrill (2002) auf und lässt sich auch als Grundlage der Einteilung von Unterricht in vielen der anderen Planungsschemata wiederfinden. Es ist ein Analyse- und Orientierungsraster für die Planung und Durchführung von Unterricht.

Das AVIVA-Schema, im Folgenden nach Kiel (2012) ausgeführt, besteht aus fünf Phasen, wobei einzelne Phasen auch mehrfach durchlaufen werden können. Es heißt also nicht, dass Unterricht immer aus fünf Phasen bestehen muss. Das Akronym AVIVA steht für die Phasen:

1. Ankommen und Einstimmen,
2. Vorwissen aktivieren,
3. Informieren,
4. Verarbeiten
5. Auswerten.

Ankommen und Einstimmen

Die erste Phase einer Unterrichtsstunde dient dem Ankommen und Einstimmen auf das Folgende und sollte ein informierender Einstieg sein. Dieser lässt sich durch Impulse (verbal oder nonverbal, meist auf einer affektiv-emotionalen Ebene) realisieren. Im Zentrum steht – auch Merrill folgend – die problemorientierte Ausrichtung der Stunde an der Lebenswelt der Schülerinnen und Schüler. Dieser Bezug sollte hier bereits hergestellt werden sowie eine Begründung respektive Legitimation für das Folgende liefern.

Vorwissen aktivieren

In der zweiten Phase wird das Vorwissen der Schülerinnen und Schüler aktiviert. Auch hier finden sich Bezüge zu Merrill. Dabei geht es nicht nur im klassischen Sinne um Wissen bzw. Inhalte, die aktiviert werden sollten, sondern auch um die Aktivierung von subjektiven Theorien, von Fähigkeiten und Fertigkeiten (Methodenkompetenzen), von Repräsentationsformen (»Wir haben ja bereits mit Karikaturen gearbeitet.«) und Sozialformen (»Wir arbeiten dabei in der Gruppe, ihr wisst ja, wie wir dabei vorgehen, und was es zu beachten gibt.«). Die Phase dient dazu, die nötigen kognitiven Strukturen zu schaffen, damit neues Wissen daran andocken oder altes Wissen modifiziert und dem neuen Wissen angepasst werden kann (bei Herbart: Apperzeption, bei Piaget: Assimilation und Akkommodation). Neben den klassischen Möglichkeiten von Lehrerfragen oder kleinen Tests und Übungen können auch spielerische Elemente oder kreative Methoden für die Aktivierung des Vorwissens genutzt werden, wie Spiele, ein Quiz, Brainstorming, Mindmaps etc. Auch die Besprechung einer Hausaufgabe kann zur Aktivierung genutzt werden.

Informieren

Die Phase des Informierens nimmt im AVIVA-Schema eine besondere Stellung ein: Hier geht es darum, neues Wissen an die Schülerinnen und Schüler heranzutragen (informiert werden) bzw. die Möglichkeiten zu geben, dass die Lernenden sich das neue Wissen erarbeiten (sich selbst informieren). Die Wissenspräsentation sollte mittels unterschiedlicher Repräsentationsformen, Sozialformen und Methoden erfolgen und soweit wie möglich differenziert sein. Unterschiedliche Aufgaben, Arbeitsaufträge, Lehrer- aber auch Schülervorträge dienen dazu, Wissen zu präsentieren und zu erarbeiten. Die Informationen können dabei mittels unterschiedlicher Medien (z. B. Schulbuch, Arbeitsblatt, Film, Grafik etc.) vermittelt werden (zum Thema Veranschaulichung vgl. Weiß 2012).

Verarbeiten

Die vierte Phase dient dazu, die neu erworbenen Wissensbestände weiter zu verankern. Dies kann mittels verschiedener Aufgaben (längerer Arbeitszeitraum zur intensiven Beschäftigung) bzw. Übungen erfolgen. Ähnlich den verschiedenen Aufgaben- und Übungsformen kann die Verarbeitungsphase der reinen Festigung des Wissens (Wiederholungs- bzw. Reproduktionsübungen), der Anwendung des Wissens in bekannten bzw. ähnlichen Kontexten (Anwendungsübung) oder dem Erschließen neuer Zusammenhänge mithilfe des erlernten Wissens (Transferübungen) dienen.

Auswerten

Die letzte Phase der Auswertung dient der Reflexion über den eigenen Lernprozess bzw. der Zusammenfassung des Erlernten. Hier bieten sich Möglichkeiten der Rückmeldung bzw. Evaluation durch die Lehrkraft oder die Lernenden an wie auch verschiedene Arten der Kontrolle bzw. Selbstkontrolle des Erlernten. Die letzte Phase schließt gewissermaßen den Kreis zum Stundeneinstieg, indem überprüft wird, inwiefern die dort gesteckten Lernziele erreicht wurden bzw. die dort präsentierte Aufgabe oder das dort gestellte Problem gelöst wurde.

Im geschilderten Fall der Deutschstunde in der Hauptschulklasse lassen sich die Phasen des AVIVA-Schemas wiedererkennen, ebenso einige Prinzipien von Merrill. Die Phase des Einstimmens findet hier über den stillen Impuls des Bildes der Rolltreppe statt. Anschließend wird mithilfe der Schülerinnenantwort das Ziel der Stunde bzw. kommenden Stunden benannt, welches jedoch konkreter hätte formuliert werden können. Durch die direkte Frage der Lehrkraft (Aufschreiben, was man mit der Rolltreppe verbindet) findet sowohl eine affektive Aktivierung im Sinne der Einstimmung als auch eine erste Aktivierung von Vorwissen im Sinne der zweiten Phase des Vorwissen-Aktivierens statt. Beide Phasen gehen fließend ineinander über. Inwiefern im Sinne Merrills das Problem (Vorstellung einer Rolltreppe) mit der Lebenswirklichkeit der Schülerinnen und Schüler übereinstimmt, sei zunächst dahingestellt. Die Phase des Informierens und des Verarbeitens wechseln sich immer wieder ab: Die Schülerinnen und Schüler lesen gemeinsam im Buch, dann folgen immer wieder kurze Fragen zum Gelesenen. Dadurch wird gut sichtbar, dass das AVIVA-Schema keine starre Abfolge bietet. Das Erstellen der Personencharakteristiken durch die Lernenden stellt ebenfalls eine Verarbeitungsphase dar. Eine Auswertungsphase findet nicht statt, möglicherweise, weil sich eine weitere Deutschstunde anschließt.

Das AVIVA-Schema unterscheidet ein »direktes«, eher instruktionsorientiertes Vorgehen und ein »indirektes«, eher selbstreguliertes Vorgehen. Bei ersterem ist der Grad der Lenkung durch die Lehrkraft in allen fünf Phasen sehr hoch. Bei Letzterem werden die fünf Phasen eher schüler- und handlungsorientiert gestaltet (vgl. ausführlich bei Kiel 2012). Für beide Vorgehensweisen gilt jedoch, dass die Lehrersteuerung besonders zu Beginn und am Schluss der Stunde hoch sein sollte, da hier wesentliche Strukturierungsentscheidungen der Stunde gefällt werden und die Anleitungen für die Schülerinnen und Schüler erfolgen. Zusätzlich ist im Sinne eines guten Classroom Managements vor allem darauf zu achten, dass die Übergänge zwischen den einzelnen Phasen bzw. bei Methoden-, Sozialformen- und Präsentationsformenwechsel innerhalb einzelner Phasen gut geplant und strukturiert sind, sodass hier keine unnötigen Leerläufe entstehen (auch ▶ Kap. 3.5).

Das AVIVA-Schema bietet eine gute Folie, nach der relativ schnell und »grob« eine Unterrichtsstunde geplant werden kann. Abschließend soll ein eigener Vorschlag für ein Artikulationsschema gezeigt werden (Abb. 3), welches sich fachunabhängig zur Planung und Strukturierung von Unterricht anbietet.

Zeit	Phase	Lehreraktivität	Schüleraktivität	Sozialform	Medien, Material	Bemerkungen
	Ankommen					
	Vorwissen aktivieren					
	Informieren					
	Verarbeiten					
	Auswerten					

Abb. 3: Artikulation- bzw. Planungsschema für den Unterricht.

Bei der Auswahl von Methoden ist darauf zu achten, inwiefern diese selbst (was vor allem bei Makromethoden der Fall ist) bereits verschiedene Phasen der Unterrichtsstrukturierung beinhalten (z. B. bei der Projektarbeit, der Fallanalyse etc.). Die anderen Phasen sind dann bei der Planung »methodenunabhängig« noch zusätzlich zu planen.

3.4 Raum vorbereiten

Neben der Unterrichtsstruktur (▸ Kap. 3.3) gilt es auch, den Raum, in dem das Lernen stattfinden soll, vorzubereiten. Dies dient einerseits dazu, ein hohes Maß an effektivem Lernen zu ermöglichen und andererseits Raumgegebenheiten, die zu potenziellen Störungen führen könnten, von vornherein zu berücksichtigen oder umzugestalten. Neben der Raumstruktur zählt dazu auch die Arbeitsplatzstruktur, beide werden im Folgenden behandelt. Eng mit beiden verknüpft sind auch die Kommunikationsstruktur bzw. die Sozialformen (▸ Kap. 4.5) im Unterricht. Sich über den Raum in der Vorbereitung Gedanken zu machen, dient auch dazu, dass im Unterricht selbst keine unnötige Lernzeit z. B. durch das Umstellen von Tischen verloren geht.

Im Sinne eines guten Classroom Managements sollte der Unterrichtsraum bereits zu Schuljahresbeginn gestaltet werden. Leere, weiße Wände können dafür genutzt werden, um Regeln und Rituale, die zuvor gemeinsam erarbeitet wurden, für alle gut sichtbar aufzuhängen. Bei Regelverstößen reicht es dann manchmal bereits aus, einfach nonverbal im Unterricht kurz auf das entsprechende Plakat zu zeigen (auch ▸ Kap. 5.4). Zusätzlich kann eine Informationstafel angebracht werden. So reicht es zu Beginn der Unterrichtsstunde aus, darauf zu verweisen, dass eine neue Information oder Nachricht an der Tafel steht und die Schülerinnen und Schüler sich bitte in der nächsten Pause selbst informieren. In Schulen und Jahrgangsstufen mit Klassenraum-Prinzip bietet es sich auch an, einen großen und für alle gut sichtbaren Stundenplan an der Wand aufzuhängen. In diesem kann zusätzlich vermerkt werden, ob in einem Fach bestimmte Regeln oder Rituale gelten. Wenn beispielsweise jede Mathestunde mit einem Vorrechnen an der Tafel beginnt, kann dies im Stundenplan stehen, so wird keine unnötige Zeit zu Beginn der Mathestunde verloren, weil jeder gleich weiß, was zu tun bzw. vorzubereiten ist. Im laufenden Schul- und Unterrichtsbetrieb kann die Wand dafür genutzt werden, Arbeitsergebnisse von Schülerinnen und Schülern zu würdigen und damit Wertschätzung zum Ausdruck zu bringen, ein weiteres wichtiges Charakteristikum eines guten Classroom Managements (▸ Kap. 4.4).

Ebenfalls zur Raumstruktur gehört das Bereitstellen und Lagern von Materialien, Büchern etc. Hierfür bietet sich ein doppeltes System an: Regale und Schränke mit Materialien, die zu bestimmten Übungen, Aufgaben oder Methoden benötigt werden und dann allen zur Verfügung stehen und ein Regal mit persönlichen Kisten für die Schülerinnen und Schüler, in denen diese ihr Material lagern.

Im Verlaufe des Schuljahrs wird ein schneller Stundeneinstieg und damit eine Erhöhung der aktiven Lernzeit der Schülerinnen und Schüler durch das Einrichten und Vorbereiten des Arbeitsplatzes als generelles Ritual ermöglicht (Brandt & Wiemerslage 2016). Dafür sollte zu Beginn des Schuljahrs durch jede Fachlehrkraft mit den Schülerinnen und Schülern festgelegt werden, was Bestandteil des persönlichen Arbeitsplatzes ist. Dies können Schreibzeug, das Schulbuch, die Mappe bzw. der Hefter, ein linierter oder karierter Block, besonderes Papier oder ein besonderes Buch (z. B. Tafelwerk, Formelsammlung etc.) sein. Jede Schülerin und jeder Schüler sollte dann wissen, was z. B. zu Beginn der Deutsch- oder Biologiestunde auf dem Tisch zu liegen hat (und was nicht). Beispielsweise wird oft das Tafelwerk gesucht (»Kann ich es noch aus meinem Spind holen?«), was dann zu verminderter Lernzeit führt oder durch das Suchen bzw. Holen den Unterrichtsfluss stört und damit eine potenzielle Störstelle ist. In den Arbeitsphasen ist somit kein Schüler durch das Herausholen fehlender Materialien abgelenkt. Ein erwünschter Nebeneffekt: Durch klare Vorgaben, was auf den Arbeitsplätzen zu liegen hat, verschwinden auch mögliche Dinge vom Tisch, die im Unterricht nicht gebraucht werden und zu Ablenkungen bzw. Störungen führen könnten. Brandt & Wiemerslage (2016) schlagen vor, eine Liste für jedes Fach auszuhängen, auf der der »ideale« Arbeitsplatz beschrieben ist, oder dies in dem oben beschriebenem großen Stundenplan an der Wand gleich mit zu vermerken. Sie weisen auch darauf hin, dass alle Lehrkräfte der entsprechenden Klasse bei so einer Maßnahme mitziehen müssen, damit das Ritual verinnerlicht wird. Ebenso könnte eine Absprache unter den Lehrkräften eine Einigung bringen, dass bereits in den letzten zwei bis drei Minuten einer Stunde der Arbeitsplatz für die nächste Stunde eingerichtet wird.

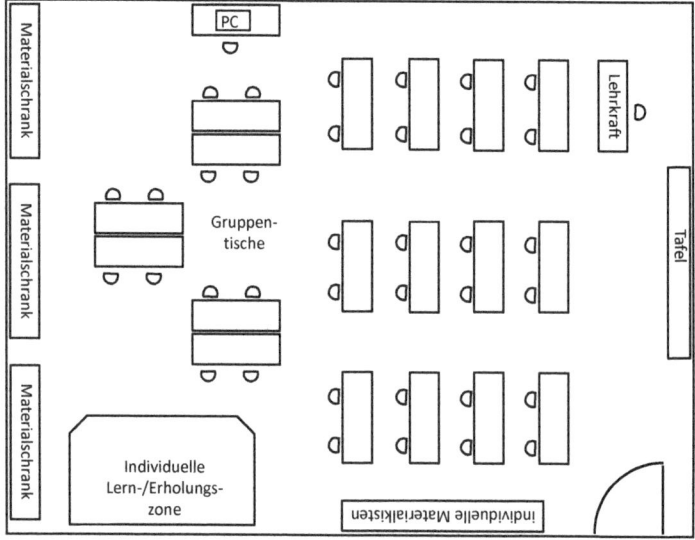

Abb. 4: Mögliche Aufteilung eines Klassenzimmers.

Neben der oben beschriebenen allgemeinen Raumgestaltung sowie der Gestaltung des Arbeitsplatzes empfiehlt es sich, wenn es die räumlichen Gegebenheiten zulassen, das Klassenzimmer in bestimmte Zonen einzuteilen (Brandt & Wiemerslage 2016), die den Bedürfnissen der Schülerinnen und Schüler und deren Lernprozessen gerecht werden (vgl. Abb. 4). Dabei bieten sich an:
1. Lernzone: Bereich im vorderen Klassenzimmer mit frontalen Tischreihen oder einer U-Form und der Tafel für den »klassischen« Unterricht.
2. Gruppenzone: Bereich mit Gruppenarbeitstischen und Zugang zu Lernmaterialien/Materialschränken.
3. Erholungs-/Individualzone: Bereich, in dem Schülerinnen und Schüler sich ausruhen können oder auch mal im Stehen oder Liegen arbeiten und lernen können.

Eine solche Raumaufteilung ermöglicht es, schnelle Übergänge zwischen verschiedenen Phasen des Unterrichts bzw. Methoden und Sozialformen zu realisieren.

3.5 Flüssigkeit und Schwung

Nachdem es in den vorherigen Kapiteln um vorbereitende Maßnahmen zur Unterrichtsgestaltung ging, die dazu dienen, die aktive Lernzeit zu erhöhen und unnötige »Störstellen« im Unterricht zu vermeiden, werden im Folgenden Unterdimensionen behandelt, die im Unterricht bzw. während des Unterrichts für ein gutes Classroom Management von Bedeutung sind.

Nach Kounin (▸ Kap. 2.2) spielt die Reibungslosigkeit (Flüssigkeit und Schwung) im Unterrichtsablauf eine große Rolle für ein effektives Lehren und Lernen. Durch Versäumnisse in der Planung und Vorbereitung von Unterricht können unnötige Unterbrechungen entstehen, die die Flüssigkeit behindern. Solche Unterbrechungen können aber auch »spontan« in der Unterrichtsdurchführung auftreten, etwa durch Unvorhergesehenes. Nicht zu vergessen ist, dass auch die Lehrkraft selbst als »Störfaktor« auftreten kann (vgl. Kiel, Frey & Weiß 2013). Dies ist etwa dann der Fall, wenn sie:
- reizbar ist, was je nach Tagesform variieren kann,

- unvermittelt oder inkonsequent handelt und dadurch die Schülerinnen und Schüler irritiert,
- thematisch inkonsequent ist,
- Sachverhalte, Anweisungen oder ähnliches unnötig verlängert, wiederholt oder verkürzt,
- unentschlossen auftritt.

Diese sowie die zuvor genannten Unterbrechungen und Leerläufe im Unterricht erlauben es den Schülerinnen und Schülern, sich anderen Dingen zuzuwenden, was häufig zu Störungen im Unterricht führt. Ebenso entstehen Reibungsverluste und der Schwung im Unterricht geht verloren. Besonders anfällig sind die oft vorkommenden und nicht vermeidbaren Übergänge im Unterricht (auch ▶ Kap. 5.2) zwischen verschiedenen Phasen, Aktivitäten, Sozialformen, Medien etc. Ein effizientes Classroom Management sorgt dafür, dass die Dynamik und der Schwung auch bei solchen Übergängen erhalten und die gesamte Klasse »bei der Stange« bleibt.

Im Rahmen der Flüssigkeit im Unterricht unterscheidet Kounin zwei Bereiche:
- Reibungslosigkeit und Geschmeidigkeit *(smoothness)* sowie
- Schwung *(momentum)*.

Die Reibungslosigkeit wird durch sprunghafte Wechsel, z. B. der Themen oder Sozialformen, gestört oder durch sachinhaltliche Inkohärenzen gefährdet (Gold 2015). Hier kommt es also stark auf die Planung und Durchführung von Unterricht seitens der Lehrkraft an. Der Schwung im Unterricht wird durch Unterbrechungen gestört. Solche sollten also vermeiden werden, z. B. durch das Weglassen abschweifender Erläuterungen und Nebensächlichkeiten. Ebenso sollte man sich im Rahmen des Aufstellens von Regeln und Konsequenzen (▶ Kap. 5.1 und 5.7) genau überlegen, wie man mit sogenannten Kleinigkeit bzw. kleinen Regelverstößen umgeht. Manchmal werden diese unnötig aufgeblasen (»aus der Mücke einen Elefanten machen«), was meist genau den gegenteiligen Effekt hat: Lernzeit wird durch die Zurechtweisung nicht erhöht, sondern eher geht der Schwung verloren, und es entstehen neue Leerläufe. Folgt man Kounin, so heißt dies, dass man bereits in der Planung überlegen sollte, wie Übergänge gestaltet werden können, um den Unterrichtsfluss reibungslos zu gestalten. Kiel, Frey und Weiß (2013) bezeichnen dies als Übergangsmanagement *(Managing Transitions)*. Übergänge, egal ob bei Themen, Sozialformen, Medien oder Arbeitsformen, sollten für die Schülerinnen und Schüler logisch und nachvollziehbar sein, dann verliert der Unterricht auch nicht an Geschmeidigkeit. Ebenso sollte man keine thematischen Brüche aufkommen lassen und beim Wechsel des Themas beispielsweise eine neue Einstimmungs- oder Aktivierungsphase (▸ Kap. 3.3) einbauen.

Auch für Nolting (2002) ist der Unterrichtsfluss ein wichtiges Mittel der Prävention von Unterrichtsstörungen. Er empfiehlt zur Aufrechterhaltung des Unterrichtsflusses folgende vier Maßnahmen:
- zügiger Wechsel von Aktivitäten,
- klare Instruktionen (▸ Kap. 3.7) für einen zügigen Wechsel,
- längere Dialoge mit Einzelnen vermeiden, wenn andere »nur« Publikum sind,
- eigene Störungen unterlassen.

Kiel, Frey & Weiß (2013) ergänzen die Ausführungen um strukturierende Maßnahmen der Lehrkraft, die den Unterrichtsfluss unterstützen können. Dazu zählen sie die Klarheit und Verständlichkeit (▸ Kap. 3.7) im mündlichen Ausdruck der Lehrkraft, die Berücksichtigung unterschiedlicher Arbeitsgeschwindigkeiten der Schülerinnen und Schüler sowie die Wahl von Arbeits-, Sozialformen, Aufgaben und Methoden, die die Gesamtaktivität der Klasse (▸ Kap. 5.3) ermöglichen.

> Der Fall zeigt gut, wie Flüssigkeit und Schwung im Unterricht aufrechterhalten werden oder verloren gehen können. Zu Beginn entstehen kaum Leerstellen, da die Lehrerin den Raum bereits gut vorbereitet hat. Jedoch geht der Schwung durch Unterbrechungen verloren, als sie inkonsequent in Bezug auf das Einsammeln der Zettel handelt. Auch nach dem Vorlesen und Zettel ziehen geht die Flüssigkeit verloren, weil die Lehrerin erst ihr Buch suchen muss.

Abschließend soll noch darauf hingewiesen werden, dass eine Störung des Unterrichtsflusses durch die Schülerinnen und Schüler nicht immer »schadhaft« und »böswillig« gemeint ist. Man sollte genau schauen, welche Ursache die Störung haben könnte: Vielleicht können die Lernenden dem Tempo nicht folgen oder sich einfach nicht (mehr) konzentrieren? Vielleicht sind sie aber auch über- und unterfordert? Oder sie beschäftigt gerade ein anderes, viel drängenderes Problem. Auch auf solche Fälle sollte man vorbereitet sein und sich in der Unterrichtsplanung bereits Gedanken machen, wie damit umzugehen ist.

3.6 Sachmotivation und interessanter Unterricht

Für erfolgreiches Lernen und gute Leistungen sowie einen störungsarmen Unterricht ist eine hohe Sachmotivation von grundlegender Bedeutung (Wild 2000). Unter Motivation versteht Rheinberg (2004, S. 15) die »[…] aktivierende Ausrichtung des momentanen Lebensvollzugs auf einen positiv bewerteten Zielzustand«. Diese Ausrichtung im Unterricht vollziehen die Schülerinnen und Schüler selbst, sie können von außen nur dazu angeregt werden. Dies geschieht mittels Motivierung, einem »didaktische[n] Prinzip zur Schaffung und Berücksichtigung von Lern- und Leistungsbedürfnissen der Schüler.« (Schröder 1990, S. 213). Zu beachten ist dabei, dass das Prinzip der Motivierung den ganzen Lernprozess der Schülerinnen und Schüler begleiten und nicht nur im Unterrichtseinstieg stattfinden sollte. Zudem sollte für einen interessanten Unterricht darauf geachtet werden, dass die Motivation von der Sache, dem Lerngegenstand, ausgeht. Diese spezifische Motivation (im Gegensatz dazu die eher unspezifische Motivation z. B. für ein bestimmtes Fach oder die Schule allgemein), sorgt für eine höhere Wahrscheinlichkeit erfolgreichen Lernens.

Grundsätzlich kann man das Verhalten eines Schülers oder einer Schülerin in amotiviert oder motiviert unterteilen. Amotiviertes Verhalten verfolgt keinerlei erkennbares Ziel, motiviertes Verhalten verfolgt einen bestimmten Zweck, z. B. eine zufriedenstellende Erfahrung oder ein längerfristiges Handlungsergebnis (Braune 2012). Das motivierte Verhalten wiederum lässt sich in intrinsisch oder extrinsisch motiviert unterscheiden. Im Falle von intrinsisch motiviertem Verhalten kommt die Motivation aus dem Interesse, der Neugier, dem Spaß oder der Freude einer Person an einer Sache. Die Schülerin oder der Schüler handelt also einer Sache wegen, die von sich aus motiviert, sie sind autonom und selbstbestimmt. Aus diesem Grunde wird auch von Sachmotivation gesprochen, die einen höheren Grad an Aktivierung bietet als extrinsische Motivation. Bei extrinsisch motiviertem Verhalten kommt die Motivation durch äußere Umstände, z. B. durch Belohnungen, gute Noten etc. Die bzw. der Lernende handelt nicht (nur) der Sache wegen. Deci & Ryan (2000) bezeichnen dies als Handeln mit instrumentellen Absichten.

Im Sinne eines guten Classroom Managements ist also die intrinsische Motivation der extrinsischen vorzuziehen, ebenso die Sachmotivation einer eher allgemeinen Motivation. Es ist schwer, jeden Unterrichtsgegenstand, jede Methode, jede Aufgabe etc. so zu gestalten, dass sie von sich aus (also intrinsisch) motivierend wirkt. Zumal man es im Klassenzimmer mit einer heterogenen Schülerschaft zu tun hat, bei der es kaum gelingen kann, dass ein Thema auf alle gleich motivierend wirkt. Daher kann man nur versuchen, extrinsische Motivation durch die Prozesse der Internalisation und Integration in selbstbestimmte Handlungen der Schülerinnen und Schüler zu überführen oder, vereinfacht gesagt, die Schülerinnen und Schüler schrittweise dazu zu bringen, dass sie »Geschmack« an einem Thema finden. Für die intrinsische Motivation ist es wichtig, dass Schülerinnen und Schüler eigene Kompetenz und Selbstbestimmung bzw. Autonomie erleben (Deci & Ryan 2000). Aufgabenstellungen und Feedback sollten dementsprechend gestaltet sein. Für eine gute extrinsische Motivation kommt nach Deci & Ryan (2000) als drittes das Erleben sozialer Eingebundenheit hinzu.

Fasst man die genannten Punkte zusammen, so ergeben sich für ein gutes Classroom Management folgende pädagogische Aufgaben (vgl. auch Braune 2012):
- Interessen der Schülerinnen und Schüler bei der Gegenstandswahl sollten berücksichtigt werden.
- Themen sollten danach ausgewählt werden, inwiefern sie von sich aus motivierend sind (Sachmotivation).
- Die Schülerinnen und Schüler sollten in dem Lerngegenstand eine Bedeutung für ihre aktuellen oder zukünftigen Problemstellungen sehen.
- Intrinsische Motivation ist von außen nur durch das Bereitstellen geeigneter Rahmenbedingungen beeinflussbar: Gegenstände

passend auswählen, Kompetenzerleben stärken (z. B. konstruktives Feedback), Autonomieerleben fördern (z. B. Wahlmöglichkeiten in Aufgaben). Den Schülerinnen und Schülern sollte so häufig wie möglich die Gelegenheit gegeben werden, ihr Wissen und Können erfolgreich zu zeigen.
- Extrinsische Motivation bei Unterrichtsthemen stärker in den Vordergrund stellen, die von sich aus nur schwer selbst motivieren. Versuche unternehmen, diese Form der Motivation zugunsten intrinsischer Motivation schrittweise zurück zu nehmen.
- Stärkung der Klassengemeinschaft (auch ▸ Kap. 4.1) für ein besseres Erleben sozialer Eingebundenheit.

Neben der Sachmotivation spielen weitere Aspekte der Motivation eine Rolle für einen interessanten Unterricht. Keller (2010) hat in einer Art Metatheorie eine große Anzahl an spezifischen Motivationstheorien und -modellen (zumeist aus der pädagogisch-psychologischen Forschung) zusammengefasst und Dimensionen identifiziert, die für einen interessanten und motivierenden Unterricht wichtig sind. Sein ARCS-Modell benennt vier Hauptdimensionen, die erfüllt sein müssen, um Schülerinnen und Schüler zu motivieren bzw. damit diese motiviert bleiben. Diese sind:
- *Attention* (A)/Aufmerksamkeit: Unterricht bzw. ein Lerngegenstand kann nur dann motivierend sein, wenn Schülerinnen und Schüler ihm Aufmerksamkeit schenken. Es sollte also Neugier geschaffen und Langeweile vermieden werden.
- *Relevance* (R)/Relevanz: Die Lernenden müssen eine Relevanz in dem zu Erlernenden erkennen, damit der Gegenstand motiviert. Die Lehrkraft muss die klassische Schülerfrage »Warum muss ich das lernen?« beantworten können.
- *Confidence* (C)/Zuversicht: Die Schülerinnen und Schüler sollten Zuversicht beim Bearbeiten des Lerngegenstandes empfinden, um motiviert zu sein. Der Glaube an die eigene Leistung führt gleichzeitig zum Erreichen des Ziels.
- *Satisfaction* (S)/Zufriedenheit: Die Lernenden müssen mit ihrer Arbeit selbst zufrieden sein, um sie als motivierend empfinden zu können.

Das Modell findet sich in Tabelle 4, wobei neben den Hauptdimensionen auch Unterdimensionen bzw. Motivationsstrategien aufgeführt sind (vgl. ausführlicher auch bei Braune 2012).

Attention (A)/ Aufmerksamkeit	– Auswahl oder Konstruktion von Problemen, die eine Unvereinbarkeit oder einen Konflikt für die Lernenden darstellen – Konkretisieren von Lerninhalten, z. B. durch das Verdeutlichen der Relevanz oder das Benennen interessanter Teilaspekte – Abwechslung der Präsentationsformen, Sozialformen und Methoden (Variabilität) – Setzen humorvoller Akzente – Nachfragen von Schülerinnen und Schülern ermöglichen – Förderung der aktiven Teilnahme am Unterricht für alle (vgl. auch Gruppenmobilisierung, ▸ Kap. 4.1)
Relevance (R)/ Relevanz	– Einbeziehen der Erfahrung der Lernenden, z. B. durch lebensweltliche Zugänge zu einem Thema – Verdeutlichung des gegenwärtigen und zukünftigen Wertes eines Gegenstandes oder Lernzieles – Den Bedürfnissen der Schülerinnen und Schüler gerecht werden, z. B. bei der inhaltlichen oder methodischen Gestaltung des Unterrichts – Vorbilder geben, mit denen die Lernenden sich identifizieren können bzw. als Lehrkraft selbst Vorbild sein – Im Sinne der Differenzierung Wahlmöglichkeiten anbieten
Confidence (C)/ Zuversicht	– Lernvoraussetzungen der Schülerinnen und Schüler berücksichtigen und so die Erfolgsmöglichkeiten dieser bereits mitplanen – Anpassung des Niveaus über verschiedene Schwierigkeitsgrade – Realistische Lernziele und Erwartungen formulieren und artikulieren – Lernerfolg der Schülerinnen und Schüler mit Eigenschaften dieser verbinden (»Du bist intelligent genug, um das zu schaffen« anstatt: »Da hast du ja Glück gehabt.«) – Selbstvertrauen und Selbstwertgefühl der Schülerinnen und Schüler stärken

Satisfaction (S)/ Zufriedenheit	– Natürliche Konsequenzen einer Handlung (z. B. Stolz über etwas Erreichtes) adressieren und fördern – Unerwartete Auszeichnungen vergeben und gute Arbeitsergebnisse der Klasse präsentieren – Mittels Feedback positive Ergebnisse in den Mittelpunkt stellen und Negatives konstruktiv benennen – Einsatz von Bestärkungsstrategien bereits in der Unterrichtsplanung berücksichtigen

Tab. 4: Hauptdimensionen und Unterdimensionen/Motivationsstrategien nach Keller (2010).

Ein ähnliches Modell wie das von Keller liefert Ames (1990), die der Frage nachging, was Lehrkräfte unternehmen können, um die Lernmotivation ihrer Schülerinnen und Schüler anzuregen bzw. aufrechtzuerhalten. Sie identifizierte in ihrem TARGET-Modell (Begriff nach Epstein 1989) sechs Bereiche, in denen die Lernmotivation beeinflusst werden kann:

- *Task* (T): Art der Aufgabe
- *Autonomy* (A): Selbstständigkeit bei der Aufgabenlösung
- *Recognition* (R): Anerkennung, die Schülerinnen und Schüler bekommen
- *Grouping* (G): Zusammenstellung von Arbeitsgruppen
- *Evaluation* (E): Verfahren zur Beurteilung und Bewertung von Arbeitsergebnissen
- *Time* (T): Zeitplan des Unterrichtsablaufs

Es wird deutlich, dass sich in diesem Modell (vgl. ausführlich auch bei Woolfolk 2013) viele Punkte aus den bereits beschriebenen Überlegungen von Deci & Ryan (2000) sowie Keller (2010) wiederfinden. In Tabelle 5 werden daher nur kurz die Dimensionen beschrieben und einige Möglichkeiten zu ihrer Förderung benannt.

	Beschreibung	Förderung
Task	Art und Gestaltung der Aufgabenstellung	- Begründung/Absicht/Ziel der Aufgabe benennen - Wert der Aufgabe aufzeigen - Variabilität in der Aufgabe - Lebensnähe der Aufgabe - Herausforderung ohne Überforderung
Autonomy	Möglichkeiten zur Selbstständigkeit bei der Arbeit und eigenständigen Kontrolle	- Aktive Mitarbeit bei der Aufgabe fördern - Verantwortung für Erledigung der Aufgabe an Lernende abgeben - Wahlfreiheiten unterstützen
Recognition	Formelle und informelle Anreize und Anerkennungen	- Fokussierung individueller Entwicklungen und Fortschritte - konstruktives Feedback - Anerkennung von Leistungen über Lob
Grouping	Zusammensetzen von Arbeitsgruppen	- Wechsel zwischen Einzel- und Gruppenarbeitsphasen - wechselnde Gruppenzusammensetzungen - Gruppierung an Zielstruktur ausrichten (homogene oder heterogene Gruppe, arbeitsteilige Gruppe etc.)
Evaluation	Verfahren zur Begleitung, Überwachung und Beurteilung von Lernprozessen und -ergebnissen	- Fokus auf Lernprozess und Lernergebnis - Methoden der Selbst- und Fremdevaluation nutzen - motivierende (evtl. kreative) Möglichkeiten der Evaluation und Beurteilung nutzen
Time	Zeit zur Aufgabenerledigung im Unterricht	- unterschiedliche Tempi berücksichtigen - Zeiträume im Unterricht schaffen, in denen Schülerinnen und Schüler selbst wählen können, was sie wann bearbeiten

Tab. 5: TARGET-Modell nach Ames (1990) und Epstein (1989).

Dieses Modell rückt im Unterschied zum ARCS-Modell nach Keller die Motivation durch Aufgabenstellungen und Fragen der Lehrkraft stärker in den Mittelpunkt. Das Frageverhalten der Lehrkraft selbst kann auch als Quelle der Motivierung von Schülerinnen und Schülern betrachtet werden (Wellenreuther 2008). Dabei gilt für »gute Fragen« dasselbe wie für die oben beschriebene Wahl von Gegenständen und Themen im Unterricht. Eine Frage, der die Schülerinnen und Schüler keinen Wert bzw. keine Relevanz zuschreiben, kann nicht motivierend für diese sein und sie beschäftigen sich mit dieser nicht bzw. nicht aufgrund von Sachinteresse.

> In der Deutschstunde zum Thema *Rolltreppe abwärts* wendet die Lehrerin einige Strategien nach dem Modell von Keller an. Aufmerksamkeit versucht sie durch den stillen Impuls (Bild der Rolltreppe) zu wecken. Sie wechselt im Unterricht häufig die Präsentations- und Sozialformen, was ebenfalls Aufmerksamkeit erzeugt. Beim gemeinsamen Lesen und Beantworten der Fragen auf den Zetteln fördert sie die aktive Teilnahme am Unterricht für alle (Gruppenmobilisierung), da jeder theoretisch beim Vorlesen (durch Aufrufen) drankommen und sich so niemand zurücklehnen kann. Mittels Lob versucht sie positives Feedback zu geben, das motivierend sein soll. Die Möglichkeit des Fragen-Beantwortens nach gelesenen Textstellen im Plenum fördert die soziale Eingebundenheit und auch das Kompetenzerleben der Schülerinnen und Schüler: Dies klappt gut, da sich viele Schülerinnen und Schüler beständig melden, um eine Frage ziehen zu dürfen.

3.7 Unterrichtliche Klarheit und klare Arbeitsanweisungen

Die Klarheit im Unterricht stellte einen »zentrale[n] Faktor [dar], um die andauernde Beschäftigung der Schüler mit dem Lerngegenstand sicherzustellen und Lernerfolge verbuchen zu können.« (Thomas & Henemann 2013, S. 36; vgl. auch Evertson & Emmer 1982). Schülerinnen und Schüler verlieren dann Lernzeit bzw. beschäftigen sich mit anderen Sachen oder stören den Unterricht, wenn sie diesem nicht folgen können. Helmke (2009) benennt daher vier wichtige Bereiche unterrichtlicher Klarheit:

- Akustische Klarheit: Es geht um die Verständlichkeit von Lehrer- und Schülerinnen- und Schüleräußerungen im Unterricht, die gewährleistet sein sollte.
- Sprachliche Klarheit: Hierbei bezieht sich Helmke auf die Prägnanz von Aussagen der Lehrkraft ohne große Umschweife.
- Inhaltliche Klarheit: Die Kohärenz von Inhalten im Unterricht sollte sichergestellt sein, lange Exkurse, thematische Abschweifungen etc. sollten vermieden werden.
- Fachliche Klarheit: Letztlich spielt auch die Korrektheit von Lehreräußerungen eine große Rolle.

Zum Teil ergeben sich bereits aus diesen Punkten die folgenden, die man noch ergänzen könnte: Die Klarheit in den Lernzielen (▶ Kap. 3.2) und die Klarheit im Ablauf (▶ Kap. 3.3). Der Lehr-Lern-Forschung folgend erhöht sich die Wahrscheinlichkeit auf Lernerfolg bei den Schülerinnen und Schülern, wenn man im Bereich der Klarheit und Strukturierung (auch ▶ Kap. 3.3) folgende Aspekte berücksichtigt:

- »Mitteilung der Lehr- und Lernziele
- transparente Leistungserwartungen
- ausdrückliche Verknüpfung der neu vermittelten Informationen [...] mit Vorwissen [...]
- Fragen stellen, um die Lernenden zu einer intensiveren Auseinandersetzung mit dem Inhalt anzuregen.
- Das Angebot eines Gerüsts in Form übergreifender Ideen, Begriffe und Begriffsnetze, um so die Integration neuen Wissens zu erleichtern.
- Lernhilfen wie vorangestellte Strukturierungshilfen [...] an strategisch wichtigen Stellen, Zwischenzusammenfassungen, Vorausschau, also Informationsangebote für den Lernenden, die über den eigentlichen Lerninhalt hinausgehen und den Lernprozess unterstützen.« (Helmke 2012, S. 197)

All diese Punkte, die im Wesentlichen auch Strukturierungsmaßnahmen sind, erhöhen die Klarheit im Unterricht.

Auch klare Arbeitsanweisungen lassen sich dem Bereich der unterrichtlichen Klarheit zuordnen. Um deren Aufstellen zu üben, sollten zunächst Arbeitsanweisungen oder auch Fragen an Schülerinnen und Schüler aufgeschrieben werden, damit man diese dann im Unterricht »vortragen« kann. Mit der Zeit stellt sich eine gewisse Routine ein und das konkrete Ausformulieren von Arbeitsanweisungen gelingt auch ohne vorherige schriftliche Fixierung. Wichtig bleibt diese Klarheit, da Schülerinnen und Schüler oftmals nicht wissen, was sie tun sollen bzw. was von ihnen verlangt wird. Dies birgt das Risiko für Störungen im Unterricht. Klare Arbeitsanweisungen sollten Folgendes berücksichtigen:

- So wenige Aufgaben wie möglich in einer Anweisung.
- Bei mehreren Aufgaben Prioritäten festlegen und den Schülerinnen und Schülern kommunizieren.
- Speziell bei Gruppen- und Partnerarbeiten: Genau klären, welche Aufgaben gemeinsam oder arbeitsteilig gelöst werden sollen.
- Den Schülerinnen und Schülern mit der Arbeitsanweisung deutlich machen, was sie für die Erledigung benötigen (Materialien, Hefter, Schulbuch etc.) und wie viel Zeit sie zur Verfügung haben.
- Missverständnisse vermeiden: Die Arbeitsanweisungen sollten so formuliert sein, dass sie nur eine Interpretation durch die Schülerinnen und Schüler zulassen.

Insgesamt gelten bei der Formulierung von klaren Arbeitsanweisungen auch die Empfehlungen für die Formulierung von Lernzielen (▸ Kap. 3.2).

In Bezug auf die Klarheit von Arbeitsanweisungen zeigt sich im Fall an einer Stelle ganz gut, was geschieht, wenn diese nicht eindeutig sind: Die Aufgabe »Wie könnte die Geschichte weitergehen?« ist für die Schülerinnen und Schüler inhaltlich inkohärent, da sie ja bereits wissen, wie es weitergeht. Dadurch entsteht eine Leerstelle bzw. die Schülerinnen und Schüler wissen nicht, was von ihnen verlangt wird. Die Lehrkraft berichtigt sich selbst ziemlich schnell, dadurch gibt sie jedoch preis, bei der Vorbereitung inhaltlich und auch strukturell die Unterrichtseinheit nicht umfassend im Blick gehabt zu haben.

3.8 Abwechslung und Herausforderung

Einen letzten Punkt der Unterrichtsgestaltung stellen die Abwechslung im Unterricht und die intellektuelle Herausforderung dar. Beides sorgt für ein aktives Lernen bei den Schülerinnen und Schülern (Gold 2015). Abwechslung im Unterricht kann dadurch erreicht werden, dass Aufgabenschwierigkeiten variieren oder Medien, Methoden und Sozialformen gewechselt werden. Bei Letzterem sollte man jedoch auch vorsichtig sein, denn ein zu häufiger Wechsel von Medien oder Materialien (»Materialschlacht im Unterricht«) kann auch schnell zum Überdruss bei den Schülerinnen und Schülern führen. Ebenfalls für Abwechslung sorgen stimulierende und spannende Unterrichtseinstiege (▸ Kap. 3.3 und 3.6) oder Überleitungen zu neuen Themen. Alles in allem geht es darum, Lernende zu begeistern (ohne dabei zu übertreiben), und darum, Überdruss zu vermeiden. Die bereits in Kapitel 3.6 genannten Motivationsstrategien können zum Teil auch dafür verwendet werden, einen abwechslungsreichen Unterricht zu gestalten.

Ebenso wichtig ist ein herausfordernder Unterricht mit dem Ziel, alle Schülerinnen und Schüler kognitiv zu aktivieren. Dies ist nicht so einfach, da die intellektuelle Herausforderung auf jeden einzelnen Lernenden in der Klasse angepasst und daher neu definiert werden muss. Was für den einen herausfordernd ist, kann den anderen schon wieder langweilen. Vygotskij (2011) hat dazu passend das Modell der proximalen Entwicklung aufgestellt (vgl. Abb. 5). Als Zone der proximalen Entwicklung bezeichnet er dabei die Distanz zwischen der Zone des aktuellen Entwicklungsniveaus der Schülerin bzw. des Schülers und der Zone der potenziellen Entwicklung.

Das aktuelle Entwicklungsniveau (die Fähigkeit, Probleme selbstständig zu lösen) muss die Lehrkraft für die einzelnen Schülerinnen und Schüler dabei kennen. Ebenso muss sie individuell festlegen können, welche potenzielle Entwicklung möglich sein wird, um den Raum bzw. die Zone der proximalen Entwicklung eingrenzen zu können. Die Zone der potenziellen Entwicklung stellt quasi die Herausforderung dar, denn sie sollte nicht zu einfach (Unterforderung) und nicht zu schwer (Überforderung) zu erreichen sein. Die Aufgabe der Lehrkraft ist es, die Schülerinnen und Schüler durch geeignete Aufgaben, Methoden und Sozialformen sowie konstruktives Feedback durch den Lernprozess – oder in Vygotskijs Worten: durch die Zone der proximalen Entwicklung – zu begleiten. Sie baut dabei sinnbildlich die Brücke zwischen den vorhanden Kompetenzen des Lernenden und den neu zu erwerbenden.

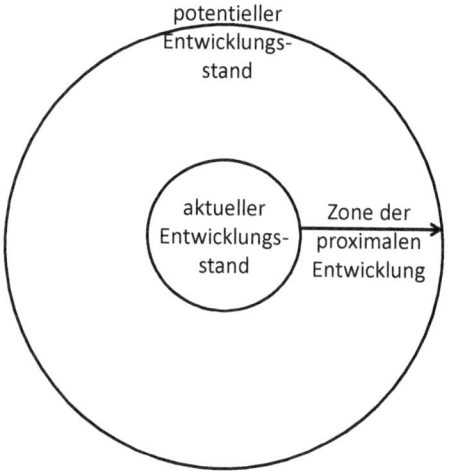

Abb. 5: Modell nach Vygotskij (2011).

Ein Unterricht ohne Über- und Unterforderung erhöht erneut die Wahrscheinlichkeit für geringere Störungen und ein hohes Maß an aktiver Lernzeit.

4. Beziehungsförderung

Es handelt sich um eine Deutschstunde der 8. Klasse in einer Realschule, in der Schülerinnen und Schüler das Verfassen von Inhaltsangaben zur Vorbereitung auf die nächste Klausur üben. Die Übungen erfolgen in Gruppenarbeiten. Zunächst erläutert die Lehrerin anhand einer Folie das Vorgehen: Die Gruppen erhalten Textschnipsel einer Kurzgeschichte und sollen diese in der richtigen Reihenfolge wieder zusammenfügen. Anschließend sollen sie gemeinsam eine Inhaltsangabe zu der Kurzgeschichte schreiben und diese wiederum in Textschnipsel zerschneiden. Die einzelnen Gruppen sollen am Ende der Stunde dann die Inhaltsangabe der anderen Gruppen wieder zusammenbasteln.

Nachdem die Gruppen eingeteilt sind und an Gruppenarbeitstischen begonnen haben zu arbeiten, geht die Lehrerin von Tisch zu Tisch durch die Klasse, schaut den Schülerinnen und Schülern »über die Schultern« und geht direkt zu Schülerinnen und Schülern, die sich melden. Julian ist bereits fertig mit dem Zusammenlegen des Textes und soll den anderen seiner Gruppe helfen, diese wollen jedoch lieber allein puzzeln. Die Lehrerin sagt zu Julian: »Dann mach du dir vielleicht schon mal Gedanken über den Basissatz. Wie man den formuliert. Weil ihr sollt dann, wenn ihr fertig seid, gemeinsam die Inhaltsangabe schreiben.« Eine weitere Gruppe ist fertig, soll jedoch erst die Lösungen untereinander vergleichen, bevor die Lehrerin kontrolliert. In der nächsten Gruppe ist Nadine schon fertig: »Ich weiß halt nicht, ob es stimmt.« Hier entgegnet die Lehrerin: »Jetzt wart geschwind, bis die anderen drei auch fertig sind. Und dann vergleicht ihr es erst mal in der Gruppe. Du kannst dir auch schon Gedanken machen, wie du einen Basissatz formulieren würdest.« Daraufhin sagt Nadine in scherzhaftem Ton, dass sie den Text gar nicht gelesen hat, sondern einfach beim Puzzeln nach den Schnittkanten der Schnipsel gegangen ist. Die Lehrerin entgegnet mit einem Lächeln: »Dann mach das. Wie hast du – hast du jetzt echt mit der – Nadine. Nadine.« Die Lehrerin geht zur nächsten Gruppe, die untereinander schon die Puzzles verglichen hat. Die Lehrerin überfliegt die Texte: »Ist richtig. Ok, so jetzt lest bitte erst mal weiter, was ihr als Nächstes machen müsst.« In der Gruppe am Nachbartisch fragt ein Schüler, wie sie weiter fortfahren sollen: »Müssen wir jetzt jeder eine Inhaltsangabe schreiben oder nur einer?« Die Lehrerin antwortet: »Guck mal, was da drauf steht, Fabricio. Das ist alles erklärt.« Die Lehrerin wendet sich der nächsten Gruppe zu, denn eine Schülerin fragt, ob die Zettel aufgeklebt werden sollen. »Steht alles drauf«, entgegnet die Lehrerin. »Da steht – steht da was von aufkleben? Lies es dir mal durch, ob was von Aufkleben drauf steht.« Die Schülerin stellt fest, dass sie nichts aufkleben müssen, was die Lehrerin mit einem Lächeln »aufnimmt«. In der nächsten Gruppe korrigiert die Lehrerin ebenfalls die Puzzle: »Das ist richtig. So, aber dann seid ihr falsch.« »Oh nö«, entgegnet eine Schülerin der Gruppe. Die Lehrerin antwortet: »Müsst noch mal nachgucken. Die ersten drei Puzzlestücke sind ok, dann seid ihr falsch. Und das letzte ist auch ok, aber alles dazwischen ist falsch.« In zwei weiteren Gruppen kontrolliert die Lehrerin die Puzzles und lobt diese für die richtige Reihenfolge. Dabei wird sie von einer Schülerin in der daneben sitzenden Gruppe unterbrochen, worauf sie ohne sich umzudrehen mit »Sofort, Marie« reagiert. Ein Schüler versteht nicht, wie es mit der Inhaltsangabe weitergehen soll. Eine Mitschülerin beginnt zu erklären »Naja, wir müssen jetzt«, die Lehrerin unterbricht freundlich: »Ihr müsst einfach, [eine Schülerin signalisiert, dass sie es wüsste – die Lehrerin blickt zu ihr] weißt du es?«. Sie lässt dann diese Schülerin weiter erklären: »Ja, wir müssen einfach draufschreiben und dann zerschneiden.« Mit einem Nicken bestätigt die Lehrerin dies und wendet sich der nächsten Gruppe zu.

Da die Gruppenarbeit länger als erwartet gedauert hat, soll die Präsentation der Ergebnisse in der kommenden Deutschstunde stattfinden.

Neben der Unterrichtsgestaltung betrachtet Mayr (2008) die Beziehungsförderung im Unterricht als eine weitere Dimension von Classroom Management. Eine gelingende Lehrer-Schüler-Beziehung trägt zu einem guten Klassenklima bei und erhöht die Wahrscheinlichkeit, dass weniger Störungen im Unterricht auftreten.

Zum Bereich der Beziehungsförderung werden in den nächsten Unterkapiteln die folgenden Aspekte behandelt und anhand des eben beschriebenen Falles verdeutlicht:
- Aktivitäten zum Schuljahresbeginn und zur Gemeinschaftsförderung,
- Verantwortlichkeit der Lernenden,
- Schülermitbestimmung,
- Wertschätzung, Authentizität und Empathie,
- Kommunikation,
- Vertrauen und Verstehen,
- Humor.

4.1 Aktivitäten zum Schuljahresbeginn und zur Gemeinschaftsförderung

Bevor es um Aktivitäten mit bzw. der Schülerinnen und Schüler zum Schuljahresbeginn geht, die der Gemeinschaftsförderung dienen sollen, sei noch kurz auf die Vorbereitung des ersten Schultags durch die Lehrkraft verwiesen (Eichhorn 2011). Denn auch für die Schule gilt: Der erste Eindruck zählt. So wie sich die Lehrkraft am ersten Schultag verhält, so nehmen die Schülerinnen und Schüler dies wahr, »ordnen sie ein« und verhalten sich dementsprechend das gesamte Schuljahr über.

Die Lehrkraft sollte den ersten Schultag daher gründlich vorbereiten. Dazu zählen (z. B. Eichhorn 2011):
- Informationen über die Eltern und deren Kooperationsbereitschaft einholen. Ebenso kann es von Interesse sein zu wissen, welches Werte- und Erziehungsverständnis evtl. verschiedene Eltern haben.
- Informationen über Leistungsaspekte der Schülerinnen und Schüler einholen: Hierzu – ebenso wie im ersten Punkt – ist es

notwendig, sich mit den im vorherigen Schuljahr unterrichtenden Lehrkräften zu unterhalten.
- Informationen über sozial-emotionale und motivationale Aspekte der Schüler einholen. Hier gilt Gleiches wie im vorherigen Punkt.
- Informationen über die Klassendynamik und Peer-Gruppen einholen: Diese Information ist besonders wichtig, da die Klassendynamik oder – anders ausgedrückt – das Klassenklima einen großen Einfluss nicht nur auf das Wohlbefinden, sondern auch auf die Störanfälligkeit in der Klasse hat.

Für all diese Informationen ist es notwendig, sich im Kollegium vor Schuljahresbeginn auszutauschen. Teamarbeit spielt dabei eine große Rolle. Es sollte daher an der Schule einen geordneten Ablauf oder eine Routine geben, wie die Übergabe von Klassen stattfindet.

Am ersten Schultag selbst sollte die Lehrkraft auf folgende Aspekte im Sinne eines proaktiven Classroom Managements Rücksicht nehmen bzw. vorher überlegen, wie sie bestimmte Aspekte gestalten möchte (Eichhorn 2011):
- *Sitzordnung:* Bekanntermaßen hat die Sitzordnung im Klassenzimmer einen erheblichen Einfluss auf die Schülerinnen- und Schülerbeziehungen, aber auch auf das Verhalten einzelner Lernender im Unterricht. Daher wäre – insbesondere auch im Sinne der Beziehungsförderung – bevor die Schülerinnen und Schüler den Klassenraum betreten zu klären, wer eigentlich die Sitzordnung festlegt: die Lehrkraft oder die Schülerinnen und Schüler? Wie könnte dies jeweils legitimiert werden?
- *Begrüßung:* Ebenso sollte man sich darüber Gedanken machen, wie man die Schülerinnen und Schüler das erste Mal begrüßt bzw. wie man sich der Klasse vorstellt und präsentiert, ob es Sinn macht, ein Ritual einzuführen. Wie bereits erwähnt, können die ersten Minuten der Stunde für das restliche Schuljahr entscheidend sein. Die Begrüßung und damit der Einstieg in das neue Schuljahr sollte zweierlei leisten: Man sollte den Schülerinnen und Schülern deutlich machen, dass man sich auf sie vorbereitet hat und sie kennt und gleichzeitig vermitteln, dass man trotz allem vorurteilsfrei und »unbelastet« gemeinsam in das neue Jahr starten will.

- *Aufgabe:* In der ersten Stunde bietet es sich an, mit einer Aufgabe zu starten, die sowohl dem Fach als auch dem Interesse der Schülerinnen und Schüler entspricht. So können erste Beobachtungen angestellt werden, wie die Schülerinnen und Schüler arbeiten, welche Gruppenprozesse stattfinden und wie die Beziehungen in der Klasse gestaltet sind bzw. gestaltet werden können.
- *Verfahrensabläufe einüben:* Nicht unbedingt in der ersten Stunde, jedoch gleich zu Beginn des Schuljahrs sollte damit begonnen werden, Verfahrensabläufe einzuarbeiten. Was heißt z. B. Gruppenarbeit bei der Lehrkraft, was passiert zu Unterrichtsbeginn? An dieser Stelle werden auch Regeln und Routinen eingeführt und eingeübt (▸ Kap. 5.1).

Gemeinschaftsförderung für ein gutes Classroom Management findet im Sinne der Beziehungen in der Klasse untereinander, aber auch im Sinne einer guten Lehrer-Schüler-Beziehung statt (Helmke & Helmke 2014). Dazu muss das soziale Miteinander gefördert werden (Christiani 2007), welches einen friedfertigen und respektvollen Umgang miteinander beinhaltet. Ziel ist es dabei, dass sich sowohl die Schülerinnen und Schüler als auch die Lehrkraft in der Klasse wohlfühlen. Hierzu trägt eine angemessene Konfliktlösung (▸ Kap. 5.6) bei. Maßnahmen der Gemeinschaftsförderung stärken die Klassengemeinschaft, was zu weniger Störungen u. a. aufgrund seltenerer Konflikte führt. Letztlich geht es dabei um zwei Aspekte, die eng miteinander verwandt sind: Die Schülerinnen und Schüler sollen soziale Verantwortung erlernen und es soll ein Umfeld geschaffen werden, in dem man sich wohl fühlt.

Die Gemeinschaftsförderung sollte das gesamte Schuljahr über kontinuierlich erfolgen und den Fachunterricht kontinuierlich begleiten. Konkrete Maßnahmen können dabei immer mal wieder eingesetzt werden. Die Lehrkraft muss ein Gespür dafür entwickeln, wann eine solche Maßnahme nötig sein könnte. Trotz der Kontinuität ist es besonders zum Schuljahresbeginn notwendig, Maßnahmen der Gemeinschaftsförderung zu ergreifen. Diese gemeinsamen Aktivitäten können je nach Altersstufe auch spielerisch gestaltet sein: »Beim Spiel kann man einen Menschen in einer Stunde besser kennenlernen als im Gespräch in einem

Jahr« (Platon). Mögliche Maßnahmen zur Förderung der Klassengemeinschaft könnten sein:
- gemeinsames Erstellen einer Klassenordnung,
- gemeinsame Raumgestaltung,
- gemeinsame Puzzle oder Bilder erstellen lassen (z. B. hat jeder eine Minute Zeit, an einem Bild zu arbeiten, dann wird es weiter gegeben),
- Wettbewerbe zwischen den Klassen (z. B. beim Sportfest),
- regelmäßige Klassenausflüge, Klassenfahrt zum Schuljahresbeginn etc. (meist finden solche Ausflüge und Fahrten zum Schuljahresende statt, doch sollten sie eher als »Kennenlern«-Fahrten verstanden werden),
- gemeinsam als Klasse überlegen, wie man das Schulhaus oder den Pausenhof »verschönern« könnte,
- ein Projekt zu einem selbst gewählten Thema durchführen,
- gemeinsam ein Klassenfest planen und durchführen (eine Variante davon wäre auch, dies gemeinsam mit den Eltern zu planen und durchzuführen).

Bei all diesen Maßnahmen sollten die Schülerinnen und Schüler zwei Dinge erleben: Einerseits ein Gefühl von »Ich habe dazu beigetragen« und andererseits das Gefühl von »Wir haben das gemeinsam geschafft«.

Auch tägliche oder wöchentliche Rituale für die ganze Klasse (z. B. der morgendliche Stuhlkreis in Grundschulen) tragen zur Festigung der Gemeinschaft bei. Es könnten auch neue Wege mithilfe neuer Medien beschritten werden, wie die Einrichtung eines Klassenforums im Internet, einer Klassen-App oder Ähnliches. Hier gibt es jedoch je nach Bundesland auch unterschiedliche rechtliche Vorgaben zu beachten.

Neben den oben genannten Maßnahmen gibt es viele weitere, der Fantasie sind hierbei keine Grenzen gesetzt. Im Buchhandel und Internet finden sich zahlreiche Bücher und Hinweise mit Übungen und Methoden zur Stärkung von Gruppen, besonders aus dem außerschulischen Bereich. Allerdings sollte man gerade hier darauf achten, dass es bei vielen Übungen und Methoden einen großen Unterschied macht, ob sie im außerschulischen Setting oder im

Rahmen von Schule und Unterricht stattfinden und dort manchmal auch nicht-intendierte, negative oder umgekehrte Effekte haben können.

> Die im Fall durchgeführte Gruppenarbeit, in der die Schülerinnen und Schüler in Etappen wirklich auf die Gruppe angewiesen sind, kann die Klassengemeinschaft stärken und für ein gutes Klassenklima sorgen.

4.2 Verantwortlichkeit der Lernenden

Im beschriebenen modernen Verständnis von Classroom Management, nicht erst seit der Diskussion um eine neue Lernkultur (▸ Kap. 1.3 und 2.5), wird dieses nicht als alleinige Maßnahme in der Hand der Lehrkraft verstanden. Classroom Management beinhaltet das explizite Anliegen, Schülerinnen und Schülern Verantwortung für ihr Handeln zu übertragen, um selbstständiges Lernen zu fördern sowie die Entwicklung der Schülerinnen und Schüler »zu solidarischen Mitgliedern in der Gemeinschaft« (Thomas & Hennemann 2013, S. 35) zu unterstützen. Dadurch lernen Schülerinnen und Schüler auch, dass das eigene Handeln Auswirkungen hat, und sie werden sich dieser bewusst. Dies wiederum hat einen positiven Effekt auf ihr Verhalten (auch) im Unterricht und das Classroom Management.

Die Übernahme von Eigenverantwortung für ihr Tun und Lernen sowie von sozialem Verhalten dient der Störungsprävention im Unterricht (Ermert-Heinz, Bürgermeister & Kossack 2016). Diese Eigenverantwortung müssen die Schülerinnen und Schüler jedoch erst erlernen oder, anders ausgedrückt, sie müssen lernen, was es heißt, erwachsen zu sein. Dazu gehört:
- sich selbst angemessen einzuschätzen,
- das eigene Handeln und seine Folgen reflektieren zu können,
- verschiedene Gründe und Handlungsalternativen abwägen und eine Entscheidung zu treffen,
- Toleranz und Respekt vor anderen zu haben,
- Verantwortung für das eigene Handeln zu übernehmen.

Diese Eigenverantwortung kann im Unterricht oder in eigens dafür bereitstehenden Stunden im Wochenablauf erlernt werden. An manchen Schulen gibt es dafür besondere Einheiten, z. B. *Lions Quest*, ein speziell für Schülerinnen und Schüler entwickeltes Sozialkompetenztraining des Lions Club zum »Erwachsen werden« (www.lionsquest.de/portal.html). Ziel solcher Trainings, Unterrichtseinheiten oder Projekte ist es, die Möglichkeit zur Auseinandersetzung mit sich selbst und der Klasse als sozialem Umfeld zu bieten, Selbstvertrauen zu stärken, Werte zu entwickeln und zu verteidigen sowie Reflexions- und Kritikfähigkeit anzubahnen.

Weitere Möglichkeit der Stärkung der Eigenverantwortung sind Elemente der Mitbestimmung (▸ Kap. 4.3) bzw. partizipative Elemente im Klassen- und Schulleben (Klassenrat, Schülerparlament etc.) zu etablieren. Durch solche Elemente kann auch Störungen im Unterricht vorgebeugt werden, da andernorts Raum geschaffen wird, Probleme (demokratisch) zu lösen (Ermert-Heinz, Bürgermeister & Kossack 2016).

Schließlich geht es bei allen Maßnahmen darum, dass die Schülerinnen und Schüler eigenverantwortlich und selbstbestimmt lernen. Hierfür eignen sich im Sinne didaktischer Maßnahmen auch Methoden des offenen oder geöffneten Unterrichts, wie z. B. Freiarbeit, Wochenplanarbeit, Projektarbeit aber auch Stationenlernen, Lerntheken etc. (Überblick z. B. in Klippert 2002). Bei all diesen Methoden findet eine »selbsttätige und selbstorganisierte Aneignung« (Hartke 2008, S. 802) von Wissen statt. Dies führt zu einer stärkeren Verantwortungsübernahme nicht nur in Bezug auf den Lerngegenstand und die Lernergebnisse, sondern auch in Bezug auf das generelle Verhalten der Schülerinnen und Schüler.

Neben der Übernahme von Verantwortung für die Gemeinschaft und dem selbstbestimmten, eigenverantwortlichen bzw. selbstregulierten Lernen kann auf einem dritten Weg durch Selbstbeobachtung und Selbstinstruktion die Verantwortung der Schülerinnen und Schüler für ihr eigenes Verhalten erhöht werden (Thomas & Hennemann 2013). Selbstinstruktion kann dabei auch ein hilfreiches Mittel der Verhaltenssteuerung darstellen. Bei der Selbstinstruktion stellen sich die Schülerinnen und Schüler im Unterricht bzw. darüber hinaus folgende Fragen:

- Was soll ich tun? Was ist meine Aufgabe?
- Wie werde ich vorgehen? Wie ist mein Plan?
- Wie überprüfe ich meine Ergebnisse selbst?

Im Rahmen der Selbstinstruktion spielt auch die Selbstbeobachtung eine Rolle; diese kann jedoch auch unabhängig davon in anderen Unterrichtsformen und Methoden zum Einsatz kommen. Die Selbstbeobachtung dient dazu, dass Schülerinnen und Schüler ihren eigenen Lernprozess (kognitiv), aber auch ihre motivational-emotionale Einstellungen (z. B. Motivation beim Arbeiten) selbst beobachten und reflektieren. Evertson (2010) schlägt vor, dies beispielsweise mithilfe grafischer Darstellungen zur eigenen Erfassung zu tun. Die Lernenden fertigen Lern- oder Motivationskurven für sich an. Diese könnten dann auch individuell mit der Lehrkraft oder in Form von »Lernen lernen«-Einheiten besprochen werden. Auch die Lehrkraft kann dann Rückschlüsse aus solchen Grafiken ziehen, da sie verdeutlichen, an welchen Stellen ggf. extrinsische Motivation (▸ Kap. 3.6) verstärkt erforderlich gewesen wäre oder warum an manchen Stellen evtl. das Störpotenzial hoch war.

Im eingangs beschriebenen Fall wird die Verantwortlichkeit der Lernenden in den Gruppenarbeiten immer wieder gestärkt. Dies wird sichtbar in Äußerungen der Lehrkraft, dass die Schülerinnen und Schüler einer Gruppe z. B. erst untereinander Lösungen vergleichen sollen oder dass sie selbst verantwortlich sind, wie ein Arbeitsergebnis aussieht und wieder »zerschnitten wird«. An manchen Stellen reagiert die Lehrkraft indifferent, indem sie zum einen auf den Aspekt der Gruppenarbeit und des sozialen Miteinanders hinweist und an anderen Stellen die Möglichkeit gibt, schon allein weiterzuarbeiten. Schließlich wird deutlich, dass die Schülerinnen und Schüler scheinbar noch nicht so vertraut sind mit selbstbestimmtem, eigenverantwortlichem bzw. selbstreguliertem Lernen. Häufig entstehen Nachfragen bzw. man bezieht sich oft auf die Aufgabenstellung. Künftig könnte also in der Klasse vermehrt Wert darauf gelegt werden, selbstbestimmtes Lernen im Sinne von Selbstinstruktion und Selbstreflexion zu stärken.

4.3 Schülermitbestimmung

Im Zusammenhang mit der Verantwortungsübernahme von Schülerinnen und Schüler stehen auch die Möglichkeiten der Schülermitbestimmung. Ein hohes Maß an Mitbestimmung im Unterricht und Klassen- bzw. Schulalltag verbreitet die Legitimationsbasis jeglicher Handlungen, erhöht das Wohlbefinden und die Zufriedenheit der Schülerinnen und Schüler und schafft somit eine gute Beziehung in der Klasse. Zwei Aspekte von Mitbestimmungen können dabei für das Classroom Management von Bedeutung sein: Zum einen die Schülermitbestimmung bei allen Dingen, die das Classroom Management selbst betreffen, wie die Raumgestaltung, die Vereinbarung von Regeln und Ritualen etc. Zum anderen kann auch die Möglichkeit der Mitbestimmung im Unterricht generell zu den oben genannten positiven Effekten führen.

In Abb. 6 ist zu sehen, dass der Anspruch auf Mitbestimmung (auch Partizipation genannt) auf ganz verschiedenen Stufen geschehen bzw. umgesetzt werden kann (vgl. auch BLK-Programm 21).

Passivität	Information	Konsultation	Beteiligung	Mitbestimmung	Mitverantwortung	Partnerschaft	Selbstbestimmung
Keine Partizipation	Schüler werden informiert	Schüler können ihre Meinung sagen	Meinungen der Schüler fließen in die Entscheidung mit ein	Schüler entscheiden mit	Schüler beteiligen sich mit eigenen Aktivitäten	Schüler machen eigene Vorschläge und entscheiden gleichberechtigt über die Umsetzung	Schüler entwickeln eigene Ideen und setzen diese eigenverantwortlich um

Abb. 6: Stufen der Schülermitbestimmung (eigene Abbildung nach BLK-Programm 21).

Am Beispiel der Einführung einer neuen Regel (»Wer zu spät kommt, geht ruhig und ohne zu stören zu seinem Platz und kommt nach der Stunde selbstständig zur Lehrkraft.«) soll aufgezeigt werden, wie die Schülerinnen und Schüler je nach Stufe der Mitbestimmung (vgl. Abb. 6) bei der Regelerstellung mitwirken können.
- *Passivität:* Die Regel existiert schon immer.
- Information: Die Schülerinnen und Schüler werden über die Regel informiert.
- *Konsultation:* Die Lehrkraft verkündet die Regel, die Schülerinnen und Schüler dürfen ihre Meinung dazu äußern.
- *Beteiligung:* Die Lehrkraft weist auf das Problem des häufigen Zuspätkommens hin und dass sie dafür eine neue Regel aufstellen will. Die Schülerinnen und Schüler können Vorschläge für eine solche Regel machen, die Lehrkraft trifft daraufhin eine Entscheidung.
- *Mitbestimmung:* Wie bei der Beteiligung werden Vorschläge der Schülerinnen und Schüler eingeholt. Sie stimmen dann mit ab, welche Regel gelten soll. Im Gegensatz zur Partnerschaft kann ein besonderes Quorum gelten, z. B. dass die Lehrkraft mehr Stimmen hat oder ein Veto einlegen kann.
- *Mitverantwortung:* Die Schülerinnen und Schüler erkennen selbst das Problem, dass durch »Zu-spät-Kommer« der Unterricht gestört wird. Sie erörtern eigenverantwortlich, z. B. im Klassenrat, mögliche Regeln und Konsequenzen. Gemeinsam mit der Lehrkraft wird eine Regel beschlossen.
- *Partnerschaft:* Wie bei der Beteiligung werden Vorschläge der Schülerinnen und Schüler eingeholt. Sie stimmen dann – gleichberechtigt zur Lehrkraft – mit ab, welche Regel gelten soll.
- *Selbstbestimmung:* Ähnlich wie bei der Mitverantwortung erkennen die Schülerinnen und Schüler selbst das Problem, diskutieren über mögliche Maßnahmen und beschließen eine Regel. Auf die Regeleinhaltung achten sie selbst.

Ein Blick auf Modelle von Partizipation in der Schule und im Unterricht, wie das oben ausgeführte Stufenmodell, zeigt, dass diese häufig denselben Ursprung haben wie Modelle zur Öffnung von Unterricht. Denn auch in letzteren spielt die Möglichkeit der Mit- und Eigenbestimmung der Schülerinnen und Schüler eine große Rolle. Peschel (2010) entwickelte ein vierstufiges Modell der Öffnung von Unterricht, welches auch zeigt, welche Voraussetzungen für Partizipation notwendig und sinnvoll sind. Er unterscheidet dabei die organisatorische, die methodische, die methodisch-inhaltliche und die soziale Öffnung. Daran zeigt sich beispielsweise, dass die Einführung einer Regel unter Schülerbeteiligung eine organisatorische Öffnung von Unterricht sein kann. Wenn Schülerinnen und Schüler mit so etwas vertraut sind, kann auf der nächsten Stufe eine methodische Öffnung stattfinden, z. B. indem Schülerinnen und Schüler selbst Arbeits- oder Sozialformen im Unterricht wählen.

> In der Deutschstunde zur Inhaltsangabe findet nur in geringem Maße eine Mitbestimmung durch die Schülerinnen und Schüler statt. Vielleicht durften sie entscheiden, in welchen Gruppen sie arbeiten. Danach hatten sie ziemlich genaue Vorgaben, was zu tun war. Einen Entscheidungs- und Mitbestimmungsspielraum eher inhaltlicher Art haben sie nur bei der Aufgabe, wie sie ihre Inhaltsangabe formulieren und anschließend dann beim Zerschneiden.

4.4 Wertschätzung, Authentizität und Empathie

Die Wertschätzung gegenüber den Schülerinnen und Schülern, die Authentizität und die Empathiefähigkeit der Lehrkraft stellen drei weitere wichtige Aspekte der Beziehungsförderung dar.

> Die Lehrkraft der Deutschklasse zeigt deutlich, dass sie authentisch ist und sich in der Gruppenarbeit nicht verstellt: Sie scheint eine nette Person zu sein, der die Arbeit Spaß macht und die auch mal über einen Witz und einen Fehler schmunzeln kann. Sie ist empathisch, was sich an der kleinen Szene mit Nadine zeigt. Auch ist sie wertschätzend gegenüber ihren Schülerinnen und Schülern, achtet ihre Arbeitsergebnisse und verbessert diese, ohne dabei gute Leistungen zu übersehen. Sie artikuliert eine positive Erwartungshaltung, wenn sie die Schülerinnen einer Gruppe ermutigt, ihre Arbeitsergebnisse noch mal zu korrigieren.

Unter der Wertschätzung der Lernenden versteht man die Achtung und den Respekt vor ihnen als Person und verbindet damit deren positive Bewertung (Eichhorn 2014). Bereits im Zusammenhang mit der konstruktiven Unterstützung im Unterricht wurde auf den wertschätzenden Umgang hingewiesen. Er steht in der humanistischen Tradition und ist eine personenzentrierte Sichtweise. Wärme, Akzeptanz und Respekt sollten Grundeinstellungen bzw. die grundsätzliche Herangehensweise in pädagogischen Interaktionen sein. Evertson spricht in diesem Zusammenhang von der Lehrkraft als sogenannten »warm demander« (Evertson & Weinstein 2006; Poole & Evertson 2013). Jemanden wertzuschätzen, betrifft einen Menschen als Ganzes, eher unabhängig von konkreten Taten oder Leistungen. Im Sinne eines guten Classroom Managements heißt dies, dass jeder mal Fehler machen oder Fehlverhalten zeigen kann, man jedoch diese Person immer noch wertschätzt. Die Lehrkraft macht deutlich, dass ihr etwas an den Lernern und ihrer Entwicklung liegt, sie hohe Erwartungen an deren Entwicklung hat und zugleich Zuversicht vermittelt, dass sie diese Entwicklung den Schülerinnen und Schülern zutraut (Gold 2015). Mayr (2008; 2009) bezeichnet dies als positive Erwartungshaltung, die man den Lernenden gegenüber haben und zeigen sollte. Die subjektiven Einschätzungen der Schülerinnen und Schüler durch die Lehrkraft beeinflussen ihre Wertschätzung, weshalb man sich immer wieder bewusst machen sollte, dass die Einschätzungen eben subjektiv sind und man die Schülerin bzw. den Schüler meist nur in einer Rolle wahrnimmt. Der Blick auf die Person der Schülerin oder des Schülers als Ganzes, als Kind oder Jugendlichen, ermöglicht es dabei manchmal, subjektive Einschätzungen zu korrigieren.

Vor allem in Gesprächen nach Konflikten und Regelverstößen fällt eine wertschätzende Haltung schwer, deshalb sollte man so etwas nie zwischen »Tür und Angel« erledigen, sondern sich gut (wenn auch manchmal nur kurz) darauf vorbereiten. Ein solches Gespräch sollte dann auf Augenhöhe erfolgen, was bereits ein erstes Signal der Wertschätzung der Schülerin bzw. des Schülers ist und zur positiven Beziehungsförderung beiträgt. Auch in Konflikt- oder Problemgesprächen sollten die guten Eigenschaften des Lernenden hervorgehoben werden und die Schülerinnen und Schüler sollten sich als Person wahrgenommen und angenommen fühlen.

Wertschätzungen in Form von Lob oder »Auszeichnungen« können das ganze Schuljahr begleiten und tragen zu einem guten Klassenklima bei. Eine ausgehängte Schülerarbeit an der Klassenzimmerwand kann dabei oft schon viel Anerkennung für eine Schülerin oder einen Schüler bedeuten (▶ Kap. 3.4). Möglich wäre auch eine Art »Belobigungsfeier« am Schuljahresende in der Klasse (Ermert-Heinz, Bürgermeister & Kossack 2016). Positive Aspekte werden zu jedem Schüler und jeder Schülerin im Verlaufe des Schuljahrs gesammelt und am Ende genannt, z. B. Leistungsverbesserungen, besonderes soziales Engagement, besondere Leistungen in- und außerhalb des Unterrichts, Urkunden etc.

Auch die Authentizität und Empathie der Lehrkraft spielen neben der Wertschätzung eine wichtige Rolle. Eine authentische Lehrkraft vermittelt ihren Schülerinnen und Schülern, dass sie ihre Arbeit gern tut und dies auch gern zeigt (Bastian 2016). Sie fühlt sich verantwortlich für die Klasse und den Lernerfolg jeder einzelnen Schülerin bzw. jedes einzelnen Schülers. Zudem ist es wichtig, dass die Lehrkraft glaubwürdig ist und die Schülerinnen und Schüler ihr vertrauen können (▶ Kap. 4.6).

Neben der Authentizität der Lehrkraft spielt auch deren Empathiefähigkeit im Classroom Management eine große Rolle. Kiel, Frey & Weiß (2013) benutzen hierfür den Begriff der »empathieorientierten Klassenführung«. Unter Empathie kann man das Bemühen einer Lehrkraft verstehen, die Erfahrungen und Gefühle der Schülerinnen und Schüler nachzuvollziehen, zu verstehen und mitzufühlen (Friedlmeier 2006). Dafür benötigt die Lehrkraft zweierlei: Auf kognitiver Ebene die Fähigkeit zum Perspektivwechsel und auf affektiver Ebene die Fähigkeit zum Einfühlen. Eng mit der Empathiefähigkeit der Lehrkraft ist das Konzept des *Caring* (»Betreuen«) von Dubs (2009) verbunden. Nach Dubs ist dies »das Bemühen einer Lehrperson, die Gefühle (Gefühl), das Denken und das Handeln (Handlung) der Schüler durch Beobachten und aktives Zuhören zu verstehen, sie zu akzeptieren, wie sie sind, und ihre Ängste (Angst), Unsicherheiten und Probleme (Problem) zu erkennen.« (Weiß 2014, S. 331) Dubs (2009) unterscheidet dabei fünf Bereiche die wichtig sind, um empathisch zu handeln:

- Die Schülerin bzw. den Schüler individuell und ganzheitlich wahrzunehmen.
- Den Schüler bzw. die Schülerin ernst zu nehmen.
- Die Lerneigenschaften und Lernprobleme der Schülerin oder des Schüler zu erkennen.
- Schul-, aber auch Lebensprobleme der Schülerin oder des Schülers zu besprechen.
- Zukunftsberatung mit der Schülerin oder dem Schüler durchzuführen.

Schülerinnen und Schüler, die sich im Unterricht wertgeschätzt fühlen, ihre Lehrkraft als authentisch, glaubhaft und vertrauensvoll wahrnehmen und um das Einfühlungsvermögen dieser wissen, werden den Unterricht mit hoher Wahrscheinlichkeit als angenehm empfinden, gern lernen und weniger stören.

4.5 Kommunikation

Es ist fast eine Selbstverständlichkeit, dass die Kommunikation im Unterricht, insbesondere das Lehrer-Schüler-Gespräch, einen maßgeblichen Einfluss auf die Beziehungsförderung hat. Ebenso spielt die Kommunikation bei der Verhaltenssteuerung und Unterrichtsgestaltung eine große Rolle. Kommunikation bezeichnet allgemein eine »soziale Interaktion, bei der Informationen zwischen zwei oder mehreren Personen mit Hilfe eines Kommunikationsmittels [...] ausgetauscht werden« (Brunner & Zeltner 1980, S. 117). Es lassen sich drei Ebenen der Kommunikation unterscheiden, die auch in der Lehrer-Schüler-Interaktion zu beachten sind: Die sprachliche (verbale) Ebene, die stimmliche (paraverbale) Ebene und die körpersprachliche (nonverbale) Ebene; zu Letzterer zählen unter anderem die Mimik und Gestik. Alle drei Ebenen der Kommunikation werden von den Schülerinnen und Schülern wahrgenommen und zu deuten versucht. Wenn beispielsweise eine Lehrkraft einen Schüler ermahnt, der gegen eine Regel verstoßen hat und dies mit einer leisen Stimme (paraverbal) und einer unsicheren Haltung (nonverbal) tut, wird sie der Schüler und vermutlich der Rest der Klasse nicht ernst nehmen. Daher werden in Kommunikationstrainings nicht nur die Sprache und das Verbale, sondern auch para- und nonverbale Aspekte trainiert.

Auf der Ebene der stimmlichen, paraverbalen Kommunikation sollte man sich überlegen, wie man seine Stimme einsetzt, um das Gesagte zu unterstützen. Dabei kann man mit der Lautstärke variieren, die Betonung verändern oder mit der Geschwindigkeit, in der man redet, arbeiten.

Die nonverbale Ebene der Körpersprache erfüllt verschiedene Funktionen (Glas & Schlagbauer 2011). Sie kann der Substitution dienen, indem eine verbale Botschaft ersetzt wird, z. B. durch ein Winken, ein Kopfschütteln, ein Lächeln etc. Sie kann ebenso der Amplifikation dienen, indem eine verbale Botschaft verstärkt oder erweitert wird – z. B. mit der Faust auf den Tisch hauen, mit dem Zeigefinger drohen etc. Sie kann auch der Modifikation dienen, indem eine verbale Botschaft verändert wird, z. B. ein Ironiesignal durch ein Lächeln gegeben wird, Empörung gespielt wird etc. Letztlich kann Körpersprache auch zur Kontradiktion genutzt werden, indem mit ihr einer verbalen Botschaft widersprochen wird. In der Regel wird dann der nonverbalen Botschaft mehr Glauben geschenkt. Zur Ebene der nonverbalen Kommunikation zählen verschiedene Aspekte, die es zu berücksichtigen gilt (Lohmann 2003; Kiel, Frey & Weiß 2013):

- *Mimik und Blickverhalten:* Der Gesichtsausdruck sollte zu dem, was gesagt oder verlangt wird, passen. An ihm rückversichern sich Schülerinnen und Schüler, wie ernst beispielsweise eine Aussage gemeint ist. Auf das Blickverhalten wird weiter unten eingegangen.
- *Gestik:* Gemeint sind die Bewegungen des Körpers, beispielsweise mit Armen und Beinen, womit man Gesagtem Ausdruck verleihen kann. Im Sinne des Classroom Managements kann man im Bereich der Motivation Interesse durch gestische Unterstreichung des Gesagten herstellen, im Bereich der Verhaltenssteuerung reicht es manchmal, nur gestisch aktiv zu werden, ohne den Unterrichtsfluss dabei zu unterbrechen: auf etwas zeigen, als Zeichen für Ruhe den Finger an den Mund führen etc.
- *Kinesik:* Hierbei handelt es sich um die Körperhaltung, die dem Gesagten Nachdruck verleiht. Das oben genannte Beispiel zeigt,

was passieren kann, wenn die Körperhaltung nicht zur verbalen Aussage passt.
- *Proxemik:* Die Bewegung im Raum wird als Proxemik bezeichnet. Auch sie kann ein Mittel vor allem der Verhaltenssteuerung sein. In manchen Fällen hilft es, sich nur auf eine Störungsquelle zuzubewegen, um sie zur Ruhe zu bringen.

Kiel, Frey & Weiß (2013) arbeiten in ihrem Trainingsbuch zur Klassenführen einige Aspekte heraus, die das Blickverhalten im Klassenzimmer betreffen und die man trainieren kann. Dazu zählen sie:
- Bevor man zu sprechen beginnt (oder eine Unterrichtsstunde mit einer Begrüßung beginnt), sollte man im Klassenzimmer »Blicke sammeln«, um Aufmerksamkeit herzustellen.
- Innerhalb von fünf Minuten sollte man mit jedem Schüler bzw. jeder Schülerin mindestens einmal Blickkontakt gehabt haben. So fühlen sich diese wahrgenommen.
- Gerade im Lehrer-Schüler-Gespräch, im Frontalunterricht, aber auch in Arbeitsphasen sollte man die ganze Klasse beachten. Kiel, Frey und Weiß nennen das den »MW-Blick«: Mit dem Blick gedanklich ein M und danach ein W »malen«. Einen kontrollierenden Blick, der ständig von links nach rechts wandert, sollte man vermeiden.
- Während einzelner Gespräche mit Schülerinnen und Schülern in Arbeitsphasen oder im klassischen fragend-entwickelnden Unterricht sollte man den Blickkontakt zum Rest der Klasse nicht abreißen lassen.
- Auch kann das Blickverhalten dazu dienen, das Verhalten zu steuern (auch ▸ Kap. 5.2 und 5.5): Jemandem einen aufmerksamen »Blick zuzuwerfen«, kann dazu dienen, Störungen zu unterbinden oder gar nicht erst aufkommen zu lassen.

Vor allem bei kleinen oder sich erst anbahnenden Unterrichtsstörungen empfiehlt Lohmann (2003), zunächst nicht verbal zu reagieren, um den Unterrichtsfluss nicht zu stören oder eine Art Welleneffekt (Kounin, auch ▸ Kap. 5.4) auszulösen. Vielmehr eignen sich nach Lohmann auch hier nonverbale Kommunikationsmittel zur subtilen Einflussnahme auf das Geschehen. Durch die nonverbalen Mit-

tel kann das Schülerverhalten »präkorrektiv« (Lohmann 2003, S. 137) gesteuert werden. Mit diesen minimalinvasiven Eingriffen in den Unterrichtsablauf wird dieser nicht beeinträchtigt, niemand bekommt unnötig zu viel Aufmerksamkeit oder wird bloßgestellt, und die Energie und Stimme der Lehrkraft werden geschont. Wichtig, nicht nur für den Bereich der Verhaltenssteuerung, sondern auch für den Bereich der Beziehungsförderung ist es, nonverbale Signale zuerst einzuführen, damit sie von den Schülerinnen und Schüler richtig gedeutet werden können. Eine Besonderheit nonverbaler Signale ist die Verstärkung mit sogenannten »Artefakten«, also optischen oder akustischen Hilfsmitteln und Signalen wie Karten, Schildern etc. Lohmann (2003) gibt allgemeine Regeln und Tipps zur nonverbalen Kommunikation, die die oben genannten von Kiel und Kolleginnen ergänzen:
- Nonverbale Kommunikation ist effektiver, wenn sie präventiv eingesetzt wird.
- Die nonverbale (und auch paraverbale) Kommunikation darf nicht im Widerspruch zu verbalen Äußerungen stehen. Außer sie wird explizit dafür eingesetzt (siehe Kontradiktion weiter oben).
- Die Lehrkraft sollte körperlich präsent sein und den »Raum ausfüllen«.
- Neben der Verhaltenssteuerung sollte die nonverbale Kommunikation auch auf der Beziehungsebene genutzt werden, z. B. durch ein Lächeln.
- Man sollte Raumanker einrichten, also wiederkehrende Tätigkeiten an bestimmte Plätze im Klassenraum koppeln (vgl. Grinder 1995). Beispielsweise könnte bei Gruppenarbeitsphasen vereinbart werden, dass alle zur Ruhe kommen, wenn die Lehrkraft neben der Tafel steht.

> Die Deutschlehrerin nutzt während der Gruppenarbeit eine freundliche, aber bestimmte, beziehungsfördernde Kommunikation mit ihren Schülerinnen und Schülern. In der kurzen Episode mit Nadine fällt auf, dass sie die Zurechtweisung (»Nadine, Nadine!«) nonverbal modifiziert, indem sie dabei lächelt.

Auch die Kommunikation zwischen der Lehrkraft, den Schülerinnen und Schülern und den Eltern spielt eine große Rolle im Schulalltag

(Brandt & Wiemerslage 2016). Daher sollte man eine Kommunikationsstruktur für solche Fälle vereinbaren und pflegen. Vorstellbar wäre beispielsweise das System eines Hängeregisters mit einem Fach für jede Schülerin und jeden Schüler sowie die Klassenlehrkraft und die Fachlehrerinnen und Fachlehrer, welches im Klassenzimmer aufgestellt wird (▶ Kap. 3.4). Ein solches Register ermöglicht es, vor oder nach dem Unterricht bzw. während individueller Arbeitsphasen Zettel einzulegen, Entschuldigungen abzugeben oder auch kontrollierte Hausaufgaben etc. zurückzugeben. Somit ist eine zeitsparende Kommunikationsstruktur geschaffen.

> Im Fall der Deutschstunde zum Thema *Rolltreppe abwärts* im Kapitel zur Unterrichtsgestaltung hätte ein solches System dazu beigetragen, dass die Schülerinnen und Schüler ihre abzugebenden Zettel einfach während des Erstellens der Personencharakteristiken einwerfen.

Eine Besonderheit der Kommunikation im Klassenzimmer stellen Konflikt-Gespräche dar, die jedoch wiederum im Bereich des Classroom Managements »zum Alltag gehören«. Hierbei sollten bestimmte Aspekte als Zuhörer und Sprecher berücksichtigt werden, die Hillert und Kollegen (2012) wie folgt zusammenfassen (vgl. auch Kiel, Frey & Weiß 2013):
- *Zuhörer-Regeln:*
  - Die Kritik in Ruhe anhören und versuchen, die Position des Gegenüber zu verstehen
  - Dem Gegenüber durch verbale oder nonverbale Signale deutlich machen, dass er verstanden wurde.
  - Die Position des anderen in eigenen Worten zusammenfassen, ggf. nachfragen, wenn etwas unklar oder unverständlich ist.
  - Bereitschaft zeigen, indem man dem Sprecher sagt, was man tun oder nicht tun wird.
- *Sprecher-Regeln:*
  - Den Sachverhalt beschreiben und an getroffene Absprachen und Regeln erinnern.
  - Auf den Sachverhalt und nicht auf die andere Person konzentrieren. Die Kritik muss sich auf die konkrete Situation beziehen.

- Realisierbare und überprüfbare Änderungsvorschläge für das Verhalten unterbreiten.

In diesen kurzen Regeln wird deutlich, dass es in solchen Konflikt-Gesprächen darum geht, Rückmeldung auf ein konkretes Verhalten zu geben. Dabei sollte wie in jeder Lehrer-Schüler-Kommunikation eine wertschätzende Grundhaltung (▸ Kap. 4.4) an den Tag gelegt werden, die pauschale Wertungen vermeidet.

4.6 Vertrauen und Verstehen

Eine gute Lehrer-Schüler-Beziehung sollte von gegenseitigem Vertrauen und Verstehen geprägt sein (auch ▸ Kap. 1.2). Unter Vertrauen versteht man dabei, sich einerseits auf jemanden verlassen zu können und andererseits jemanden für zuverlässig zu halten. Eine vertrauensfördernde Umgebung sorgt dafür, dass Schülerinnen und Schüler die Gelegenheit haben, Konflikte untereinander bzw. mit der Lehrkraft konstruktiv zu lösen. Ebenso müssen sie in einer solchen Umgebung die Möglichkeit haben, sich beschweren zu können, wenn z. B. ein Vertrauensbruch vorliegt (Dix 2011), ohne dabei Nachteile zu erwarten. Eng damit verknüpft ist das Verstehen und das Verstehenwollen der Schülerinnen und Schüler durch die Lehrkraft, welche eine Art Grundlage für eine vertrauensvolle Beziehung darstellen (Bruns 2016). Dazu ist es notwendig, Informationen über die Schülerinnen und Schüler zu haben. Am besten eignet sich dazu eine direkte Kommunikation mit ihnen, die den Schülerinnen und Schülern gleichzeitig Wertschätzung vermittelt. »Das Wahrnehmen und das vertrauensvolle Gespräch mit dem einzelnen Schüler sind für den Aufbau und die Pflege einer stabilen Lehrer-Schüler-Beziehung essentiell […]« (Bruns 2016, S. 30). Neben den bereits oben erwähnten Hängeregistern zur eher »formellen Kommunikation« (▸ Kap. 3.4) empfiehlt Bruns (2016) das Führen eines Kommunikationsbüchleins mit jedem Schüler und jeder Schülerin. Es dient der stillen Kommunikation im Klassenzimmer und ermöglicht es, Informationen vertrauensvoll auszutauschen.

Ähnlich der Wertschätzung (▸ Kap. 4.4) spielt beim Thema Vertrauen nicht zuletzt auch das Vertrauen in die Fähigkeit der Schülerinnen und Schüler, verbunden mit einer positiven Erwartungshaltung eine Rolle im Classroom Management.

Der Klassenzusammenhalt und das Vertrauen können durch verschiedene Maßnahmen gestärkt werden. Einige wurden bereits in Kapitel 4.1 im Bereich der Gemeinschaftsförderung genannt. Dix (2011) ergänzt folgende Maßnahmen:
- In der »Wir«-Perspektive anstatt in der »Ich«-Perspektive zu sprechen.
- Variierende Sitzordnung in verschiedenen Phasen des Unterrichts.
- Vertrauensübungen aus der Theaterpädagogik (hier, um Vertrauen unter Schauspielern zu stärken), z. B. »Blindenführer«, »Autofahren« oder »Auf die Wand zulaufen«.

Die Schülerinnen und Schüler müssen erst lernen, in der von Asymmetrie geprägten Lehrer-Schüler-Beziehung »Vertrauen zu fassen und anzunehmen« (Dix 2011, S. 107). Besonders gravierend sind daher Vertrauensbrüche, die eine negative Auswirkung auf das Verhalten und die Leistung haben können. Daher sollten sie nicht ignoriert werden (Dix 2011). Die Lehrkraft sollte diejenigen Schülerinnen und Schüler besonders beachten, die öfter Vertrauensbrüche begehen, und ebenso solche, denen es schwer fällt, Vertrauen zu fassen. Beide Gruppen von Schülerinnen und Schülern benötigen zusätzliche Unterstützung, um Vertrauen zu fassen.

Die Lehrerin, die in der Deutschstunde ihre Schülerinnen und Schüler in Gruppen allein arbeiten lässt, vermittelt eine positive Erwartungshaltung und vertraut darauf, dass sie ihre Aufgaben gut lösen werden. Das Vertrauen wird etwas untergraben, indem sie während der Arbeitsphase (nicht während der Kontrollphase!) durch den Klassenraum »streift«.

4.7 Humor

In gängigen Beschreibungen von Merkmalen einer »guten« Lehrkraft findet sich, sowohl von Schülerinnen- und Schülerseite, als auch in Selbstberichten von Lehrkräften das Merkmal »Humor«. Im Allgemeinen versteht man unter Humor, wenn man in einer bestimmten

Situation »trotzdem lacht«. Diese Definition geht auf den deutschen Journalisten und Schriftsteller Otto Julius Bierbaum zurück. Es geht also darum, auch in ernsten Situationen bisweilen ein Auge zuzudrücken und zu lachen; die Situation nicht ganz so ernst zu nehmen. Humor, so Ruch, Professor für Persönlichkeitspsychologie, »schafft eine gewisse geistige Flexibilität und fördert die Kreativität. Es hilft, Spannungen und Stress abzubauen.« (Helmke 2012, S. 188)

In der Forschung – nicht nur zum Lehrerberuf und zum Unterricht – spielt das Persönlichkeitsmerkmal Humor kaum eine Rolle. Dies hat vermutlich zwei Gründe: Zum einen ist das Konstrukt schwer zu erfassen, und zum anderen scheint Humor ein sehr stabiles und damit wenig veränderbares Persönlichkeitsmerkmal einer Person zu sein. Es gibt einige Forschungsarbeiten, die die Wirkung von Humor auf das Lernen vor allem im Fremdsprachenunterricht untersucht haben (z. B. Schulze 1995; Raaf 2005).

Es bleibt bisher umstritten, ob es sich bei Humor wirklich um ein unveränderbares Merkmal einer Lehrkraft handelt. Dem widerspricht die Existenz zahlreicher existierender Humortrainings. Meist in mehreren Stufen werden hier Übungen und Techniken vermittelt, die dazu führen sollen, in künftigen Situationen spontaner, gelassener und humorvoller reagieren zu können. Humortrainings speziell für Lehrkräfte finden sich selten, meist richten sie sich an private Personen oder ganze Firmen, so z. B. vom Deutschen Institut für Humor in Leipzig oder von der Cornelsen-Akademie. Auch im Internet lassen sich zahlreiche private Anbieter finden.

Humor im Klassenzimmer als ein Aspekt von Classroom Management kann folgende positive Aspekte mit sich bringen:
- Entkrampfung einer belastenden bzw. störenden Situation,
- Aufbau einer Gemeinschaft bzw. guten Lehrer-Schüler-Beziehung nach dem Motto »Lachen verbindet«,
- Aufbau eines lernförderlichen Klimas: Humor fördert, so ergaben verschiedene internationale Studien, die Erinnerung und das Lernen und baut Ängste ab.

Damit Humor im Klassenzimmer seine Wirkung entfalten kann, sollte die richtige »Dosierung« gefunden werden. Zudem sollte er –

wenn möglich – thematisch zum Lernstoff passen, damit er für die Schülerinnen und Schüler relevant wird.

Im Rahmen einer Abschlussarbeit in der Schweiz entstand die Homepage www.humorimunterricht.ch (Lehmann 2012), die sich sowohl theoretisch als auch mit einem Humorfragebogen und praktischen Tipps zum Thema Humor im Klassenzimmer beschäftigt.

Abschließend eine kleine Humorübung, die dabei helfen kann, scheinbar ernste Situationen in der Klasse durch Humor aufzulösen und dadurch ein lernförderliches Klima zu schaffen: Als Lehrkraft sollte man sich vorsorglich bereits (humorvolle) Antworten auf beliebte »Totschlagargumente« von Schülerinnen und Schülern, wie z. B. »Wofür brauchen wir das denn?« oder »Das haben wir immer schon so gemacht.« überlegen und sie gelegentlich im Unterricht einbringen.

Nochmals sei auf die Szene mit Nadine verwiesen, in der die Lehrkraft Humor zeigt. Sie hätte auch anders reagieren können, nutzt aber das Mittel des Humors um die Lehrer-Schüler-Beziehung nicht zu gefährden.

5. Verhaltenskontrolle

Das Thema der Mathematikstunde in einer 8. Klasse der Hauptschule ist das Rechnen mit rationalen Zahlen. Zur Einführung ordnen Schüler rationale Zahlen auf einem Zahlenstrahl an der Tafel an, der Rest der Klasse verfolgt dies still; anschließend werden im Unterrichtsgespräch Bereiche benannt, in denen man im Alltag positive und negative rationale Zahlen findet.

Die Lehrerin schiebt den Overhead-Projektor zur Seite und stellt sich neben den vorbereiteten Zahlenstrahl an die Tafel. »Letzte Verwarnung! Pascal, das Gleiche gilt für dich auch«, sagt sie mit Blick in die letzte Reihe. Obwohl die Lehrerin schon an der Tafel steht und alle Schülerinnen und Schüler immer noch still sind, geht sie auf einmal zu den hinteren Reihen. Sie fordert vier andere Schüler auf, an der Tafel erneut positive und negative rationale Zahlen an einem Zahlenstrahl der Größe nach zu ordnen. Die drei Schüler unterhalten sich an der Tafel über die Anordnung der Zahlenkärtchen: »Das ist Plus, das kommt auch nicht …«, »Das ist doch Absicht«, »Das sind doch keine Idioten …«, »Ja sollen wir das jetzt als Diagramm …«, »Ne, einfach so«, »Nein, das! Das sind 0,25«, »Das ist glaube ich …«, »Das ist kein Minus, oder?«. Der Rest der Klasse und die Lehrerin schauen zu.

Nach dem gemeinsamen Vergleich und der Begründung der drei Schüler für ihre Anordnung, soll die Klasse das Tafelbild in den Hefter übernehmen und anschließend mit Übungsaufgaben aus dem Buch und von einem Arbeitsblatt beginnen. Die Lehrerin notiert an der Tafel die Seiten und Nummern der Aufgaben, während die Schülerinnen und Schüler das Tafelbild übernehmen. Die Klasse ist während dieser Arbeitsphase ruhig, dennoch dreht sich die Lehrerin mehrmals um und blickt durch die Klasse. Als der letzte Satz an die

Tafel geschrieben ist, wirft die Lehrerin die Kreide in die Tafelrinne und ihre Vorbereitungsblätter auf das Pult mit den Worten: »Pascal, wir sehen uns kurz draußen.« Beide verlassen den Klassenraum, der Rest der Klasse bleibt ruhig und übernimmt das Tafelbild. Vor der Tür fragt Pascal: »Was?«, die Lehrerin entgegnet: »Hast du nichts gemacht?« Pascal rechtfertigt sich: »Ne, der Marius labert mich die ganze Zeit von der Seite ...«, wird aber von einem kurzen und strengen »Pascal« der Lehrerin unterbrochen. »Es geht jetzt nicht um den Marius, es geht jetzt um dich. Es geht jetzt um dich, um deine Note, um dein Verhalten. Ja? Du weißt, wie du in Mathe stehst und du lässt dich immer ablenken. Lenkst auch andere immer ab. Ja?« Pascal versucht nochmals eine Rechtfertigung: »Ja, wenn ich lachen muss, dann kann ich nichts dafür.« Daraufhin meint die Lehrerin, Pascal solle sich auf die Mathe-Sachen konzentrieren, weil das bei ihm »jetzt wichtiger sei«. Ein weiterer Versuch Pascals mit »Ja schon, aber ...«, wird gleich unterbrochen mit: »Ja, ›schon‹? Und nix ›aber‹. Du konzentrierst dich jetzt bitte auf die Mathe-Sachen. Viertelstunde, kriegst du das hin?«. Pascal bestätigt dies: »Schon«, und beide gehen zurück in die Klasse.

    Den Rest der Stunde üben die Schülerinnen und Schüler in Einzelarbeit das Rechnen mit rationalen Zahlen. Die Lehrerin geht durch die Klasse, schaut »über die Schulter«, berichtigt und gibt Hilfestellungen. Hin und wieder ermahnt sie einzelne Schüler zur Ruhe, zum konzentrierten Arbeiten oder auch zum sauberen Schreiben und gibt Hinweise, wenn etwas falsch gerechnet wurde.

Es besteht in der gängigen erziehungswissenschaftlichen Literatur ein Konsens darüber, dass Störungen und Konflikte im Unterricht in der Natur der Sache liegen: Es gibt keinen störungsfreien Unterricht, da dieser ein komplexes und soziales Interaktionsgeschehen ist (z. B. Lohmann 2003; Mayr 2004; Seidel 2009). Die Grundhaltung einer Lehrkraft sollte also sein: Störungen gehören zum Unterricht dazu. Unterrichtsstörungen werden meist nur als Hindernis in ihrer Dysfunktionalität gesehen, jedoch können sie auch einen positiven entwicklungspsychologischen Beitrag leisten, indem sie die Entwicklung sozialen Lernens unterstützen oder zum Erlernen von Konfliktlösekompetenz beitragen. Störungen des Unterrichts sind multikausal zu erklären, sie haben meist nicht eine eingrenzbare, sondern vielfältige gesellschaftliche, motivations- und sozialpsychologische, institutionelle etc. Ursachen. Meist werden Konflikte und Störungen des Unterrichts nur von der Schülerin oder vom Schüler ausgehend erklärt, nicht selten wird dabei die Ursache einer Störung in der Persönlichkeitsstruktur des Lernenden gesehen. Stattdessen sollten solche Zwischenfälle oder Probleme im Unterricht eher situativ bzw. systemisch betrachtet werden und somit den Fragen nachgegangen werden: Welche Rolle spielen alle am Unterricht Beteiligten bzw. äußeren Begleitumstände, welche Faktoren sind änderbar, welche kann ich als Lehrkraft gegebenenfalls beeinflussen? Diese Fragen sollten im Sinne eines proaktiven und präventiven Classroom Managements bereits vor dem Unterricht mitbedacht werden.

Bevor es um konkrete Modelle und empirische Befunde zum Umgang mit Unterrichtsstörungen bzw. zur Verhaltenssteuerung geht, soll geklärt werden, was man konkret unter Unterrichtsstörungen versteht und welche Arten sich unterscheiden lassen. Winkel (2009, S. 29) sagt, eine »Unterrichtsstörung liegt dann vor, […] wenn das Lehren und Lernen stockt, aufhört, pervertiert, unerträglich oder inhuman wird.« Ähnlich fasst es Lohmann (2003, S. 13) in seiner Definition zusammen:

> »Unterrichtsstörungen sind Ereignisse, die den Lehr-Lern-Prozess beeinträchtigen, unterbrechen oder unmöglich machen, indem sie die Voraussetzungen, unter denen Lehren und Lernen erst stattfinden kann, teilweise oder ganz außer Kraft setzen.«

Störungen des Unterrichts stellen also eine Unterbrechung des Lernprozesses dar, daher sollte immer individuell und situativ – wenn auch meist schnell – überprüft werden, ob eine Reaktion auf eine konkrete Störung durch die Lehrkraft nicht eine größere Unterbrechung des Lernprozesses darstellt. Oftmals finden auch Störungen im Unterricht statt (und werden geahndet bzw. getadelt), wenn gar kein Lernprozess im Gange ist, z. B. in Übergangsphasen. Daher wäre auch hier zu überlegen, wie man mit solchen Störungen umgeht oder ob man sie passieren lässt, solange sie nicht gegen soziale und moralische Grundsätze verstoßen.

Seitz (1991) unterscheidet fünf verschiedene Arten von Unterrichtsstörungen (vgl. auch Kiel, Frey & Weiß 2013):
- *verbale Störungen:* Eigenaktivitäten (z. B. Schwatzen, Kommentieren etc.), Dazwischenreden (z. B. Kommentieren von Lehreräußerungen), Reaktionen auf Mitschülerinnen und Mitschüler (z. B. Hänseln, Verspotten, Petzen etc.),
- *nicht-verbale Aktivitäten:* Eigenaktivitäten (z. B. Kippeln, Zappeln, mit Gegenständen spielen oder werfen), Aktivitäten zwischen Schülerinnen und Schülern (z. B. Zettelchen schreiben, Raufen etc.),
- *vorsituative Defizite:* z. B. Zuspätkommen, vergessene Hausaufgaben, Schwänzen etc.,
- *Verletzung moralischer Normen:* z. B. Betrügen oder Abschreiben bei Tests, Lügen, Schwindeln,
- *Verweigerung:* Passivität, (offenkundiges) Desinteresse, Opposition, Angst, Null-Bock etc.

Aus dieser Aufzählung wird ersichtlich, dass es nicht die eine Maßnahme oder das eine Bündel an Aktivitäten zum Umgang mit Unterrichtsstörungen geben kann. So vielfältig wie die Arten der Störungen und damit meist auch ihre Ursachen sind, so unterschiedlich sollten auch die Reaktionen auf sie bzw. die Maßnahmen sein, um sie zu vermeiden. Dabei sollte der Grundsatz gelten, dass jede Maßnahme passend zur Störung sein sollte.

Es empfiehlt sich, die notwendigen Strukturen, Regeln und Prozeduren aber auch Konsequenzen und Verbindlichkeiten gemeinsam im Kollegium zu entwickeln (Ermert-Heinz, Bürgermeister & Kossack 2016). Dieses Arbeiten im Lehrerteam ermöglicht Kontinuität für die Schülerinnen und Schüler über die Fächer- und Jahrgangsgrenzen hinweg und schafft somit auch mehr Verbindlichkeit. Außerdem entlastet dies die einzelne Lehrkraft und befreit von Begründungsdruck nach dem Motto: »Warum dürfen wir das aber bei Herrn Fischer im Unterricht?«

Aus den vorangegangen Kapiteln zur Unterrichtsgestaltung und Beziehungsförderung lassen sich bereits viele Punkte festhalten, die einem präventiv-proaktiven Vermeiden und Umgang mit Störungen dienen (vgl. auch Evertson, Emmer & Worsham 2006; Haag &

Streber 2012a; Kiel, Frey & Weiß 2013; Marzano, 2003; Nolting 2002; Ophardt & Thiel 2013):
- Klassenraum gut vorbereiten und sich über Sitzordnung Gedanken machen,
- Verhaltenserwartung aussprechen,
- Klasse und Schüleraktivitäten genau beobachten,
- Unterricht fachlich und didaktisch gut planen,
- Schüler zum Lernen motivieren,
- Unterricht klar strukturieren,
- Eigenverantwortlichkeit der Schülerinnen und Schüler stärken.

Im Folgenden werden diese Punkte ergänzt. Es wird zunächst um die Planung von Strategien zum Umgang mit Unterrichtsstörungen gehen, anschließend um die konkrete Umsetzung im Unterricht. Dabei werden sowohl präventive und proaktive als auch reaktive Maßnahmen vorgestellt. Im Einzelnen werden folgende Punkte behandelt:
- Regeln und Routinen planen und unterrichten,
- Allgegenwärtigkeit und Überlappung,
- Gruppenmobilisierung und Beschäftigung der Lernenden,
- Angemessener Umgang mit Störungen,
- Beaufsichtigen, Überwachen und Kontrolle der Lernarbeit,
- Unangemessenes Verhalten unterbinden durch rasches Eingreifen bei Störungen,
- Konsequenzen: Bestrafung und Belohnung.

5.1 Regeln und Routinen planen und unterrichten

Jede soziale Interaktion, so auch das Geschehen im Klassenzimmer, ist geprägt von impliziten oder expliziten Regeln und Verfahrensweisen, die den Ablauf strukturieren und »in geordnete Bahnen lenken«. Für den Unterricht sollten solche Regeln und Prozeduren geplant und den Schülerinnen und Schülern zu Beginn des Schuljahrs vermittelt werden. Diese Entwicklung von Strategien für Probleme dient dem proaktiven Classroom Management. Für Helmke (2012) spielen Regeln und Routinen eine überragende Rolle im Classroom Management. Für alle Beteiligten, also die Lehrkraft, Schülerinnen und Schüler aber auch die Eltern, sollten die Regeln und Verfahrensweisen (und ebenso die folgenden Konsequenzen, ▸ Kap. 5.7) transparent sein, sodass jeder weiß, welche Maßnahmen bei welcher Störung greifen. Regeln und Routinen sollten demnach frühzeitig, konsequent und transparent eingeführt werden.

Routinen
Unter Routinen versteht man »spezifische Verhaltensmuster für immer wiederkehrende Situationen« (Gold 2015, S. 118), z. B. Begrüßungsrituale, feste Abläufe für das Austeilen und Einsammeln von Materialien, Regeln, wann und wie im Unterricht gesprochen wird etc. Solche Routinen sind selten schriftlich fixiert, sie etablieren sich entweder durch explizites Einüben oder durch das implizite »Einschleifen« in den ersten Wochen des Schuljahres. Es lassen sich verschiedene Arten von Routinen unterscheiden (Gold 2015; Evertson & Weinstein 2006):
- Verwaltungs- und Organisationsroutinen,
- Mobilitätsroutinen zur Bewegung und für Abläufe im Klassenzimmer,
- Routinen für den Beginn und das Beenden der Stunde,
- Routinen der Lehrer-Schüler-Interaktion,
- Routinen der Kommunikation zwischen den Schülerinnen und Schülern.

Am besten funktionieren Routinen in einer Klasse, wenn sie für die ganze Schule, für einzelne Jahrgänge oder zumindest innerhalb der Klasse über die Fachgrenzen hinweg gelten. So prägen sie sich am besten ein und es kommt nicht zu Reibungsverlusten durch »Diskussionen« nach dem Motto: »Warum müssen wir zu Beginn der Stunde immer aufstehen?« Außerdem können so Störungen im Unterricht vermieden werden, die aus Missverständnissen heraus entstehen. Was bei einer Lehrkraft als Routine gilt (z. B. in Einzelarbeitsphasen dürfen die Schülerinnen und Schüler trinken und selbstständig auf die Toilette gehen), kann bei einer anderen Lehrkraft anders geregelt sein und als Störung des Unterrichts wahrgenommen werden. Insgesamt sollen Routinen dazu beitragen, Abläufe im Unterricht zu regeln und auch zu beschleunigen, um nicht jedes Mal aufs Neue etwas erklären zu müssen. Routinen können durch verschiedene Signale, Gesten oder Symbole unterstützt werden. Ebenso kann die Position der Lehrkraft im Klassenzimmer ein bestimmtes Signal für die Schülerinnen und Schüler sein, dass eine Routine andeutet oder verstärkt (▶ Kap. 5.2): Steht die Lehrkraft während einer Gruppenarbeit vor der Tafel, so könnte dies beispielsweise heißen, dass die Arbeit innerhalb der nächsten zwei Minuten beendet werden soll.

Ebenso wie Regeln müssen auch Routinen eingeführt und eingeübt werden, was natürlich Zeit kostet. Wenn sie jedoch einmal eingeübt sind, sparen sie künftig viel Zeit und Aufwand, da alle wissen, was in einem bestimmten (routinehaften) Fall zu tun ist. Beispielsweise kann eine Routine bei zu spät kommenden Schülerinnen und Schülern lauten, dass sie beim Eintreten unaufgefordert sagen, warum sie zu spät kommen oder aber sich unauffällig setzen und warten, bis sie durch die Lehrkraft angesprochen werden (Lohmann 2003). Beide Routinen, einmal eingeübt, erlauben es, den Unterrichtsfluss aufrechtzuerhalten (▶ Kap. 3.5) und keine weitere Störung auszulösen durch das sofortige Eingreifen der Lehrkraft oder durch Unsicherheit bei den Schülerinnen und Schülern, wie man sich verhalten soll.

> Im eingangs beschriebenen Fall geht die Lehrerin durch das Klassenzimmer von vorne nach hinten. Dabei redet sie nicht, trotzdem gehen vier Schüler zur Tafel um den Zahlenstrahl zu ordnen. Scheinbar gibt es hier eine Routine, die auch ohne Worte funktioniert. Es kann vermutet werden, dass nach dem Stellen der Aufgabe ein Blickkontakt mit der Lehrkraft ausreicht und die Schülerinnen und Schüler wissen, dass sie aufgefordert sind, die Aufgabe zu lösen.

Ähnlich den Routinen sind auch Rituale, die ein gleichbleibendes, regelmäßiges Vorgehen nach einer festgelegten Ordnung darstellen. Sie haben im Vergleich zu Routinen und zu Regeln eher einen symbolischen Charakter. Das gemeinsame Aufstehen und Begrüßen der Lehrkraft im Chor zu Beginn einer Stunde kann als Routine beispielsweise normativen Charakter haben (Die Stunde beginnt jetzt, und alle sind aufmerksam) und als Ritual einen symbolischen (Wir arbeiten jetzt gemeinsam).

Regeln

Regeln sind allgemeine Verhaltensstandards, die das Miteinander im Klassenzimmer ordnen sollen. Man kann zwei große Gruppen von Regeln unterscheiden:
- Verfahrensregeln: Sie dienen dazu, organisatorische Abläufe und Prozesse zu organisieren. Hierzu zählen auch Ruhe- und Ordnungsregeln, wie z. B. das Nichtreden bei Einzelarbeit.
- Verhaltensregeln: Regeln dieser Gruppe dienen der Ordnung der sozialen Interaktion in der Klasse, wie man miteinander umgeht und sich verhält.

Im Vergleich zu Routinen sind Regeln expliziter und verbindlicher und meistens auch schriftlich fixiert. Für die Gestaltung des Miteinanders sollte es nicht zu viele Regeln geben. Zudem sollten sie so intuitiv und einsichtig wie möglich sein. Das erhöht ihre Legitimität und die Wahrscheinlichkeit, dass sie auf breite Akzeptanz stoßen und eingehalten werden. Zudem sollten die Regeln positiv formuliert sein. McPhillimy (1996) fasst dies in drei sogenannten »Meta-Regeln für Regeln« zusammen: So wenig wie möglich! So einsichtig wie möglich! So positiv wie möglich! Lohmann (2003) ergänzt bzw. präzisiert diese Hinweise und Prämissen zum Aufstellen von Regeln. Für ihn sind effektive Regeln:
- *Wenige*: Je weniger Regeln aufgestellt werden, umso besser ist dies. Nach Möglichkeit sollten es nicht mehr als sieben Regeln sein. Dies könnten zum Beispiel eine Mobilitätsregel, eine Kommunikationsregel, eine Umgangsregel und eine Eigentumsregel sein.
- *Vernünftig*: Die Lehrkraft sollte (evtl. auch im Diskurs mit den Schülerinnen und Schülern) genau überlegen, ob die Regel wirklich benötigt wird. Die Kernfrage sollte dabei lauten: Fördert die Regel das Lernen der Schülerinnen und Schüler und schützt sie bestimmte Rechte?
- *Verständlich*: Die Regeln sollten kurze, einfache und prägnante Sätze sein.
- *Positiv*: Die Regeln sollten nicht als Verbot, sondern als Gebot formuliert sein. Auf Wörter wie »nicht« oder »kein« sollte verzichtet werden.

- *Verbindlich:* Ebenso sollte die erwünschte und erwartete Verhaltensweise in Ich-Form formuliert sein und nicht in einem allgemeinen »Wir« gehalten werden.
- *Beobachtbar:* Die Regeln sollten ein sichtbares und konkretes Verhalten beschreiben.
- *Kompatibel:* Die formulierten Regeln dürfen nicht im Widerspruch zu anderen Regelsetzungen stehen. So müssen sie beispielsweise im Einklang mit der Schul- und Hausordnung stehen.
- *Durchsetzbar:* Die Einhaltung der Regeln sollte kontrollierbar sein, und dies sollte für die Lehrkraft auch keinen großen Aufwand bzw. keine Mehrbelastung darstellen. Bei der Durchsetzbarkeit ist auch darauf zu achten, sich bereits beim Aufstellen der Regeln Gedanken darüber zu machen, was passiert, wenn diese nicht befolgt werden (siehe Konsequenzen, ▸ Kap. 5.7).

In ihrem eigenen Handeln und Auftreten muss auch die Lehrkraft zeigen, dass sie die Regeln selbst ernst nimmt. Zwar sollte man bei der Einführung von Regeln deutlich machen, dass es solche gibt, die für alle und solche, die nur für die Schülerinnen und Schüler gelten. Doch an die allgemeinen Regeln für alle (z. B. im Klassenzimmer wird während des Unterrichts nicht gegessen) muss sich dann auch konsequenterweise die Lehrkraft halten, sonst nehmen auch Schülerinnen und Schüler die Regel nicht ernst bzw. erachten diese nicht als legitim. Die Lernenden erhalten so einen Anlass, die Grenzen – auch bei anderen Regeln – aufzuweichen und beginnen auszuloten, wie weit sie gehen können. Das Gleiche gilt für das Durchführen von Konsequenzen (▸ Kap. 5.7) bei Regelverstößen.

Im Folgenden sollen zwei Varianten der Regelfindung kurz skizziert werden. Je nach Altersgruppe, Vorerfahrungen mit der Klasse etc. bietet sich entweder eine lehrerzentrierte oder eine eher offene Variante der Regelfindung an (Lohmann 2003). Bei der lehrerzentrierten Variante stellt die Lehrkraft den Schülerinnen und Schülern einen Katalog bewährter Klassenregeln vor und erläutert den Sinn der Regeln. Lohmann (2003) bietet eine kleine Auswahl an Regeln, die als ein solcher Katalog den Schülerinnen und Schülern präsentiert werden können:

»Ich respektiere die Rechte und das Eigentum der anderen.
Im Unterricht bleiben alle sechs Beine am Boden.
Ich rede ruhig und freundlich mit den anderen und höre ihnen zu.
Wenn ich etwas sagen will, melde ich mich und warte ruhig, bis ich drankomme.
In Gruppenarbeitsphasen flüstere ich.
Wir essen, trinken und regeln private Angelegenheiten in den Pausen.
Streitereien und Konflikte werden bei uns gewaltfrei im Klassenrat oder im Schlichtungsbüro geregelt.« (Lohmann 2003, S. 71)

Sollte die Klasse oder einzelne Schülerinnen und Schüler der Meinung sein, mit einer bestimmten Regel nicht leben zu können, müssen sie konkrete Änderungs- oder Ergänzungsvorschläge machen. Über diese wird dann beratschlagt und abgestimmt. Über die Endfassung der Regeln wird ebenso abgestimmt und von allen unterschrieben.

Die offene Variante läuft partizipativer ab (auch ▸ Kap. 4.3). Zunächst werden mit der Klasse Bereiche des Miteinanders identifiziert, die kritisch sind bzw. in denen es Verhaltens- oder Verfahrensregeln bedarf. Dies können der Unterrichtsbeginn, das Gespräch im Unterricht, die Gruppenarbeit etc. sein. Anschließend sollen die Schülerinnen und Schüler in Einzel- oder Partnerarbeit fünf bis sieben Regeln aufschreiben, die für den jeweiligen Bereich benötigt werden. Hier kann auch arbeitsteilig vorgegangen werden, um Zeit zu sparen. Die Ergebnisse werden an der Tafel oder auf einem Flipchart gesammelt, ähnliche Regelvorschläge werden zusammengehängt. Anschließend wird unter der Frage:»Welche Regeln sind wirklich wichtig« abgestimmt, z. B. hat jeder Schüler sieben Stimmen, die er verteilen kann, sodass es am Ende die sieben Regeln mit den meisten Stimmen übernommen werden.

Die so durch die eine oder andere Variante gefundenen Regeln, die künftig im Unterricht gelten, sollten im Klassenzimmer für alle sichtbar sein, z. B. an der Wand auf einem Plakat ausgehängt werden. Dabei empfiehlt es sich, dieses Plakat von allen Schülerinnen und Schüler sowie der Lehrkraft oder den Lehrkräften unterschreiben zu lassen.

Gerade bei jüngeren Schülerinnen und Schülern kann es notwendig sein, die aufgestellten oder erarbeiteten Regeln auch zu unterrichten, das heißt, ihren Sinn häufiger zu erklären, sie zu lehren und einzuüben. Hierfür schlägt Lohmann (2003) wiederum zwei Varianten vor: Das vorbildliche Befolgen von Regeln durch einzelne Schülerinnen und Schüler sollte anerkennend und lobend erwähnt werden. Dies kann modellhaft wirken. Weiterhin kann die Lehrkraft über einen bestimmten Zeitraum hinweg das Verhalten der Schülerinnen und Schüler beobachten und am Ende für das regelmäßige und wiederkehrende Einhalten von Regeln in dieser Zeit kleine Preise, Titel, Urkunden oder Privilegien verleihen. Besonders die ersten Wochen nach dem Aufstellen von Regeln können kritisch verlaufen, daher sollte man auch nicht bei jedem kleinen Regelverstoß gleich »an die Decke gehen« oder harte Konsequenzen androhen. Trotzdem muss man darauf achten, dass man konsequent bleibt und den Schülerinnen und Schülern signalisieren, dass man die Regelverletzung wahrgenommen hat, es aber noch eine Schonzeit gibt. Sollten auch über den Zeitraum hinaus Probleme mit einzelnen Regeln auftreten, kann man überlegen, ob diese im Klassenrat nochmals besprochen oder gar zur Disposition gestellt werden sollten.

Im Fall der Mathestunde wird deutlich, dass es klare Regeln für Übergänge und Einzelarbeitsphasen zu geben scheint. Dies zeigt sich daran, dass die Klasse ruhig arbeitet und der Regelverstoß durch Pascal dadurch auch deutlicher hervortritt.

5.2 Allgegenwärtigkeit und Überlappung

Für die Verhaltenssteuerung und Kontrolle im Unterricht spielen die Aspekte Allgegenwärtigkeit und Überlappung nach Kounin (▸ Kap. 2.2) eine große Rolle. Allgegenwärtigkeit

»bezeichnet [die] Fähigkeit des Lehrers, durch sein Verhalten den Schülern zu vermitteln, alles zu sehen und zu bemerken, auch wenn es sich hinter dem Rücken des Lehrers abspielt.« (Wellenreuther 2008, S. 270).

Allgegenwärtigkeit bedeutet demnach auch, mehrere Dinge gleichzeitig tun zu können. Kounin (1976) unterscheidet daher unter Allgegenwärtigkeit zwei Aspekte: Die allgegenwärtige Präsenz *(withitness)* und die Überlappung *(overlapping)*.

Für eine Lehrkraft bedeutet Präsenz, alle Aktivitäten der Schülerinnen und Schüler gleichzeitig im Blick zu haben und jederzeit über alles im Klassenzimmer Bescheid zu wissen. Strahlt eine Lehrkraft Präsenz aus, dann haben die Lernenden das Gefühl, die Lehrkraft habe auch im Hinterkopf Augen und Ohren. Logischerweise ist wirkliche Allgegenwärtigkeit kaum umzusetzen und zu erreichen. Interessanterweise reicht es jedoch aus, dass die Schülerinnen und Schüler den subjektiven Eindruck haben, dass die Lehrkraft allgegenwertig ist. Störungsprävention wird also dadurch erreicht, dass die Lehrkraft Allgegenwärtigkeit (glaubhaft) vermittelt.

Überlappung bedeutet, als Lehrkraft mehrere Dinge gleichzeitig tun zu können und dabei die Übersicht und die Kontrolle über die Klasse zu behalten. Wellenreuther (2008, S. 271) versteht darunter die »[...] Fähigkeit des Lehrers [...], gleichzeitig an verschiedenen Problemen zu arbeiten bzw. auf verschiedene Schülerbedürfnisse zu reagieren.«

> Die Mathematiklehrkraft im Fall schreibt beispielsweise Aufgabenstellungen an die Tafel und überwacht gleichzeitig die Klasse bzw. kann durch Blicke und Worte störende Schüler ermahnen. Darin zeigt sich nicht nur die Überlappung, sondern auch die Allgegenwärtigkeit: Die Schülerinnen und Schüler sind ruhig (bis auf Pascal), obwohl die Lehrerin ihnen den Rücken zugewendet hat.

Die Fähigkeit zur Überlappung fördert wiederum bei den Schülerinnen und Schülern den Eindruck, dass die Lehrkraft allgegenwärtig sei (vgl. Gold 2015). Für Kounin (1976) spielte Allgegenwärtigkeit verglichen mit Überlappung die größere Rolle. Er sah Letztere eher als eine Möglichkeit, Allgegenwärtigkeit herzustellen.

In Anlehnung an das eben beschriebene Prinzip nach Kounin spielt natürlich auch im Bereich der Verhaltenskontrolle das bereits in Kapitel 3.5 beschriebene Prinzip der Flüssigkeit und des Schwungs eine Rolle. Allgegenwärtigkeit und insbesondere die Überlappung sorgen für Flüssigkeit im Unterricht und ein solch flüssiger Unterricht ist, wie bereits beschrieben, weniger störanfällig.

Die Mathematiklehrkraft hat eine starke Präsenz und, wie bereits gezeigt, die Fähigkeit zur Überlappung. Beides wirkt sich auf ihre Allgegenwärtigkeit aus. Dies wird nicht nur beim Tafelanschrieb deutlich, sondern auch dann, wenn sie den Klassenraum verlässt. Trotz ihres Gesprächs mit Pascal vor der Tür ist es im Klassenzimmer weiter ruhig und die Schülerinnen und Schüler arbeiten weiter. Ihre Allgegenwärtigkeit scheint demzufolge sogar »durch die Tür hindurch« zu wirken.

5.3 Gruppenmobilisierung und Beschäftigung der Lernenden

Im Sinne eines proaktiv-präventiven Classroom Managements ist es wichtig, die gesamte Klasse (Lerngruppe) zu mobilisieren und als Lehrkraft beständig den Gruppenfokus aufrechtzuerhalten (Gold 2015). Möglichst viele Schülerinnen und Schüler sollten dabei gleichzeitig aktiviert werden und sein. Ebenso müssen sich bei Aufgaben, Aufforderungen und Ähnlichem alle Lernenden gleichzeitig angesprochen und verantwortlich fühlen. Kounin (1976) unterscheidet auch hier zwei Bereiche: Die Herstellung einer breiten Aufmerksamkeit in der Klasse *(group alterting)* sowie die Leistungsverantwortlichkeit der ganzen Klasse *(accountability)*. Wenn alle Schülerinnen und Schüler beachtet werden, aktiviert sind und Verantwortung für ihr Handeln jederzeit übernehmen müssen (auch ▸ Kap. 4.2), dann erhöht sich die Wahrscheinlichkeit geringerer Störungen im Unterricht. Unter Gruppenmobilisierung versteht Wellenreuther (2008) die Fähigkeit der Lehrkraft, »seine Schüler trotz ihrer Individualität immer auch in ihrer Eigenschaft als Gruppe zu betrachten und zu behandeln.« Für eine große Aufmerksamkeit und breite Aktivierung betont Nolting (2002) folgende Aspekte als Präventionsmaßnahmen:
- Möglichst immer die ganze Klasse ansprechen.
- Neben didaktisch-methodischen Entscheidungen zur Aktivierung auch über Stimme, Mimik, Gestik und Bewegung im Raum (▸ Kap. 4.5) aktivieren.

- Bei der Fragestellung auf Gruppenmobilisierung und Aktivierung achten: Die Frage stellen, dann den Blick durch die Klasse wandern lassen und eine Denkpause geben, dann erst Antworten aufnehmen.
- Bei Einzel-, Partner- und Gruppenarbeit wird die Aktivierung und Mobilisierung in die Aufgabe, das Material oder die Methode verlagert. Wichtig ist es also, aktivierende Aufgaben zu stellen.
- Für die Schülerinnen und Schüler sollte man sichtbar machen, dass diese aktiv waren, zum Beispiel mittels positiver Kommentare und echtem (!) Lehrerlob, welches sich auch präzise auf die erfüllte Aufgabe bezieht.

Gruppenmobilisierung bzw. Aktivierung hat auch viel mit der Lern- und Leistungsmessung im Unterricht und der Verantwortlichkeit dafür zu tun: Wenn jeder Schüler oder jede Schülerin jederzeit im Unterricht drankommen kann, dann fühlt er oder sie sich für die eigene Leistung verantwortlich und nutzt die aktive Lernzeit. Dies wiederum erhöht das Aufmerksamkeitsniveau der Klasse (Gold 2015). Schülerinnen und Schüler lernen auch ziemlich schnell, wie die jeweilige Lehrkraft so »tickt«, wie ihr Aufrufeverhalten ist etc. Man sollte also besonders hier keine Routinen aufkommen lassen. Werden Übungsaufgaben beispielsweise immer nach dem Klassenalphabet kontrolliert, so kann sich Xaver sicher sein, dass er lange nichts zu machen braucht, ehe er drankommt. Folglich ist er nicht aktiviert und nutzt die Lernzeit nicht aus.

Auch bei der individuellen Lernberatung, zum Beispiel in Einzelarbeitsphasen, sollte im Sinne der Gruppenmobilisierung die Lehrkraft den Gruppen- oder Klassenfokus aufrechterhalten. Dies wiederum hängt eng mit der Fähigkeit zur Allgegenwärtigkeit und Überlappung (▸ Kap. 5.2) zusammen.

In der Mathematikstunde zu den rationalen Zahlen scheint die gesamte Lerngruppe mobilisiert und aktiviert zu sein. Selbst beim Arbeiten der vier Schüler an der Tafel ist der Rest der Klasse aufmerksam, zumindest werden im Fall keine Störungen erwähnt. Die Lehrkraft schreibt für die Einzelarbeitsphase mehrere Aufgaben an die Tafel, sodass je nach Lerntempo kein Leerlauf bei besonders schnellen Schülerinnen und Schülern entsteht. Auch hier hat die Lehrerin die Klasse als Ganzes im Blick und achtet darauf, dass alle Lernenden beschäftigt sind.

5.4 Angemessener Umgang mit Störungen

Trotz Regeln, Routinen, Allgegenwärtigkeit, Aktivierung etc. sowie weiteren Maßnahmen des proaktiv-präventiven Classroom Managements kommt es immer wieder zu Störungen im Unterricht. Darauf muss man als Lehrkraft vorbereitet sein, um angemessen reagieren zu können.

Zum Thema »Angemessener Umgang mit Störungen« findet man in der Literatur immer wieder die beliebte Geschichte von Kounins Welleneffekt (1976): Kounin hielt als Professor an der Universität seine Vorlesung, während ein Student offensichtlich wenig interessiert war und Zeitung las. Kounin empfand dies als Störung und sprach vor allen Zuhörerinnen und Zuhörern einen öffentlichen Tadel aus. Der Studierende las zukünftig nie wieder Zeitung und wirkte aufmerksam. Doch hatte sich im Hörsaal noch mehr geändert: Nach der öffentlichen Zurechtweisung herrschte zwar ein ruhiges, aber frostiges Klima, und die Studierenden wirkten fortan in sich gekehrt und nur noch auf Kounin fixiert. Deshalb schlussfolgerte dieser, dass sein Umgang mit der Störung nicht angemessen war, da er sie zwar beseitigen konnte, das Lernklima jedoch nachhaltig beeinträchtigt wurde. Kounin suchte nach besseren Möglichkeiten der Reaktion auf Störungen als eine öffentliche Rüge. Wichtig war ihm dabei auch, dass bei auftretenden Störungen und den Reaktionen auf diese der Unterrichtsfluss nicht unnötig unterbrochen werden sollte, denn damit ginge aktive Lernzeit verloren (Gold 2015). Kounin (1976) führte zahlreiche Studien durch, die ergaben, dass die Wirkung einer Disziplinierungsmaßnahme weder von der Härte, noch von der Festigkeit bzw. Ernsthaftigkeit oder der Klarheit beeinflusst wird und auch keine Auswirkungen auf den Lernerfolg hatte. Eher, so Kounin, müssen unangemessene Verhaltensweisen wahrgenommen, artikuliert und auf geeignete Art und Weise unterbunden werden (Gold 2015). Das Fehlverhalten von Schülerinnen und Schülern kann schließlich nur durch diese abgestellt werden, wenn die Lehrkraft sie dazu auffordert und mögliche Konsequenzen (▸ Kap. 5.7) deutlich macht.

Im oben geschilderten Fall wirkt die Lehrerin in ihren Ermahnungen recht streng, hart und ernst. Dennoch scheint dies zunächst nicht zu fruchten. Erst als sie mit Pascal vor der Zimmertür redet, artikuliert sie das beobachtete Fehlverhalten und macht Konsequenzen daraus deutlich.

Für den angemessenen Umgang mit Störungen im Unterricht eignen sich sogenannte Low-Profile-Ansätze, die einen meist vorsichtig-zurückhaltenden Umgang mit Störungen adressieren (Borich 2007). Helmke (2007) sagt dazu, man sollte – vorausgesetzt es ist keine gravierende Störung – zunächst den Ball flach halten. Die Leitidee hinter diesen Ansätzen ist es, eine vorschnelle Überreaktion zu vermeiden (auch im Sinne des o. g. Welleneffektes von Kounin). Wichtig ist dabei, dass es nicht um ein Wegsehen, Ignorieren oder das Übergehen von Störungen geht (sonst werden diese schnell groß, da die Schülerinnen und Schüler die Grenzen des Machbaren austesten), es soll aber auch nicht mit übermäßigen Konsequenzen gedroht werden (Gold 2015). Das heißt, diese Ansätze eignen sich für Störungen, die nicht so schlimm scheinen, zum Beispiel Nebengespräche im Unterricht, abgelenkte Schülerinnen und Schüler etc. Im Sinne der Low-Profile-Ansätze, so fasst Gold (2015) zusammen, ist ein angemessener Umgang mit Störungen:
- Die Lehrkraft schaut bereits in der Unterrichtsvorbereitung, von welchen Schülerinnen und Schülern und in welchen Phasen des Unterrichts mögliche Störungen ausgehen könnten (▸ Kap. 3.1). Sie handelt vorausschauend, antizipierend und wachsam.
- Die Lehrkraft reagiert auf Störungen sparsam. Auf eine bevorstehende oder gerade beginnende Störung reagiert sie wenn möglich zunächst nonverbal. Sie handelt also minimalistisch.
- Die Lehrkraft reagiert sofort und möglichst undramatisch respektive diskret auf eine Störung, die nicht (mehr) umgangen werden kann. Sie handelt demnach konsequent.

Innerhalb dieser drei Punkte bieten sich zum Umgang sowohl präventiv-proaktive Maßnahmen an, zum Beispiel auf einen Schüler zuzugehen, von dem bald eine Störung zu erwarten ist, als auch reaktive Verhaltensweisen, wie beispielsweise ein strafender Blick, ein Namensaufruf oder ein Zubewegen auf einen störenden Schüler. Alle diese Maßnahmen erlauben es gleichzeitig, wie von Kounin gefordert, den Unterrichtsfluss nicht zu unterbrechen.

> Die Mathematiklehrerin zeigt den Low-Profile-Ansatz sehr schön, indem sie zunächst immer wieder nonverbal versucht, den Störungsherd einzugrenzen, indem sie in die Richtung von Pascal und Marius schaut.

Abschließend sollen angemessene disziplinarische Maßnahmen kurz zusammenfassend benannt werden. Wie überall beim Thema Unterricht und insbesondere beim Thema Classroom Management sind das Alter, die Angemessenheit und die jeweilige konkrete Situation ausschlaggebend für deren Anwendung und der »Erfolg« der unten aufgeführten Handlungsoptionen. Es geht also nicht darum, diese zu erlernen, sondern sein Repertoire an Maßnahmen zu erweitern, alte Gewohnheiten vielleicht zu überdenken, und dann in einer konkreten Situation schnell und angemessen mit Störungen umgehen zu können.

Gold (2015) fasst auf der Basis zahlreicher empirischer Befunde (u. a. Evertson & Weinstein 2006; Emmer & Evertson 2009; Freiberg & Lapointe 2006) folgende Disziplinierungsmaßnahmen zusammen, die einen störungsfreien Unterricht wahrscheinlicher machen:
- Blickkontakt aufnehmen und/oder dicht an die Schülerin oder den Schüler, von dem eine Störung (zukünftig) ausgeht, herangehen (Unterrichtsfluss dabei nicht unterbrechen).
- Beiläufig verbal intervenieren, z. B. durch einen kurzen Namensaufruf der betroffenen Schülerin oder des Schülers (auch hier ohne den Unterrichtsfluss zu unterbrechen).
- An vereinbarte Regeln erinnern und auf Konsequenzen hinweisen. Wenn Regeln an der Wand hängen, nur ein kurzer Fingerzeig darauf.

- Aufforderung an die Schülerin oder den Schüler, die vereinbarte Regel offen zu benennen und dieser Folge zu leisten.
- Den störenden Schüler oder die störenden Schüler unmissverständlich und deutlich auffordern, die Störung zu unterlassen.
- Privilegien oder etwas Positives dem Schüler oder der Schülerin entziehen (der Entzug von etwas Positivem ist meist wirksamer als eine negativen Konsequenz; auch ▶ Kap. 5.7).
- Ein kurzzeitiger Ausschluss aus der Lerngruppe.
- Abverlangen einer schriftlich anzufertigenden Reflexion über das Fehlverhalten mit Bezug auf die verletzten vereinbarten Regeln.
- Die Schülerin oder den Schüler nach der Stunde zu einem Gespräch einbestellen.
- Schulleitung informieren und Kontakt zu den Eltern aufnehmen.

In der Auflistung zeigt sich deutlich auch eine sich entwickelnde Dynamik, beginnend mit kleinen nonverbalen Disziplinierungsmaßnahmen bis hin zum klärenden Gespräch mit der Schulleitung. Auf so eine Entwicklung sollte man achten, um auch wirklich angemessen zu reagieren und nicht überzureagieren.

5.5 Beaufsichtigen, Überwachen und Kontrolle der Lernarbeit

Das Ziel eines effektiven Classroom Managements ist es immer, die aktive Lernzeit für Schülerinnen und Schüler durch das Vermeiden von Unterrichtsstörungen und eine gute Beziehung im Klassenzimmer zu erhöhen. Alle bereits behandelten Aspekte zum Classroom Management in den vergangenen Kapiteln zielten darauf ab. Ein Schwerpunkt der Lehrertätigkeit im Classroom Management liegt darauf, die Lernprozesse der Schülerinnen und Schüler zu beaufsichtigen, zu überwachen und zu kontrollieren. In der Unterrichtsforschung wird dies unter dem Stichwort des »Monitoring« untersucht (Gold 2015).

Besonders zu Beginn und während Arbeitsphasen der Einzel-, Partner- und Gruppenarbeit sowie in Unterrichtsgesprächen gilt es, die Schüleraktivitäten aufmerksam zu beaufsichtigen (Thomas & Hennemann 2013). Oftmals ergeben sich Unklarheiten in solchen

Schülerarbeitsphasen durch die Instruktion und/oder Aufgabenstellungen. Diese Unklarheiten oder Uneindeutigkeiten führen dann zu Schülergesprächen, die die Lehrkraft als störend empfindet oder die das Lernen anderer Schülerinnen und Schüler beeinträchtigen. Daher ist es wichtig, dass die Lehrkraft besonders zu Beginn solcher Arbeitsphasen die Lernarbeit aktiv überwacht, um Probleme frühzeitig zu erkennen und gegebenenfalls Unterstützung zu geben.

Das bereits beschriebene Prinzip der »Allgegenwärtigkeit« (▸ Kap. 5.2) findet auch hier Anwendung: Dadurch, dass die Lehrkraft z. B. durch physische Nähe (Gang durch den Raum bei Schülerarbeitsphasen) sowie häufigen Blickkontakt zu allen Schüler(gruppen) signalisiert, dass sie die Lernprozesse der Schülerinnen und Schüler wahrnimmt und beaufsichtigt, wird die Wahrscheinlichkeit erhöht, dass sich unangemessenes Schülerverhalten verringert (vgl. auch Evertson 2010). Dabei ist es wichtig und zugleich schwierig, die Schülerinnen und Schüler zu beaufsichtigen und ihnen gleichzeitig das Gefühl zu vermitteln, dass man sie nicht ständig überwacht.

Zur Verbesserung der eigenen Fähigkeit zur Überwachung und Kontrolle der Lernarbeit bietet es sich an, auch eigene Routinen als Lehrkraft zu beobachten und zu reflektieren. Beispielsweise kann der Bewegungsablauf im Klassenraum durch die Lehrkraft einmal bewusst wahrgenommen werden, um zu reflektieren, ob man sich nur in einer bestimmten Hälfte des Klassenraumes aufhält oder in Einzelarbeitsphasen nur zu bestimmen Sitzplätzen geht.

Im Unterrichtsgespräch könnte ein Selbstbeobachtungsbogen mit visualisiertem Sitzplan helfen (Thomas & Hennemann 2013): Im Sinne einer breiten Aktivierung (Gruppenmobilisierung; auch ▸ Kap. 5.3) und einer guten Kontrolle der Lernarbeit kann hier vermerkt werden, welche Schülerin bzw. welcher Schüler regelmäßig im Unterricht angesprochen wird. »Leere Felder« im Sitzplan sollten dann im Unterrichtsgespräch bewusst adressiert werden.

Eingeübte Präsenz- und Stoppsignale (auch ▸ Kap. 4.5) können im Bereich des Beaufsichtigens auch dazu dienen, Störungen zu vermeiden oder bereits »im Keim zu ersticken«. Wahl, Weinert & Huber (1984) entwickelten sieben Kriterien, die auf solche Stoppsignale bzw. -strategien zutreffen sollten, um den Unterrichtsfluss nicht zu unter-

brechen und die Lehrer-Schüler-Beziehung nicht negativ zu beeinflussen (vgl. auch Haag & Streber 2013):
- Anschlagen eines freundlichen Tons,
- Formulierung der Anordnung in Form einer Bitte,
- frühzeitiges Eingreifen bei Störungen oder Ablenkungen,
- Nutzung einer definierten Toleranzgrenze (auch ▸ Kap. 5.4),
- zunächst häufigeres Eingreifen im Lernprozess bei Störungen,
- Beachtung aller Schülerinnen und Schüler und Aufrechterhaltung des Gruppenfokus,
- häufige Bekräftigung des erwünschten Zustands.

In der Mathematikstunde ordnen vier Schüler Zahlen am Zahlenstrahl an. Die Lehrkraft beaufsichtigt dies und greift dabei zunächst ein. Zu Beginn der Einzelarbeitsphase ist es ruhig, auch hier blickt die Lehrkraft immer wieder in den Raum und signalisiert so, dass sie alles im Blick hat.

5.6 Unangemessenes Verhalten unterbinden durch rasches Eingreifen bei Störungen

Bereits bei den Low-Profile-Ansätzen (▸ Kap. 5.4) wurde davon gesprochen, dass ein angemessener Umgang mit Störungen bedeutet, dass die Reaktion der Lehrkraft auch zum »Schweregrad« der Störung passen sollte. Reaktive Strategien sind notwendig bei einem Verhalten, dass Normen und Werte verletzt (Thomas & Hennemann 2013) und als gravierend bezeichnet wird. Unerwünschtes Verhalten kann auch mal ignoriert werden, wenn es »flüchtige Vorgänge [sind], die für die Klasse folgenlos bleiben« (Nolting 2008, S. 71).

Beim Unterbinden unangemessenen Verhaltens spielen Zeit und Art der Reaktion eine wichtige Rolle. Ein rasches bzw. schnelles Eingreifen ist in diesen Fällen notwendig, da die Maßnahme bzw. Konsequenz klar in Verbindung zur Störung stehen muss. Zudem stört man als Lehrkraft bei einem Zeitverzug später nochmals den Unterrichtsfluss, wenn man erst dann auf eine zurückliegende Störung reagiert.

Unangemessenes Verhalten kann nach dem Grad der Schwere beispielsweise mit der sogenannten »Verhaltensampel« als stiller Impuls, der den Unterrichtsfluss nicht stört, adressiert werden (Ermert-Heinz, Bürgermeister & Kossack 2016). Wenn ein Schüler oder eine Schülerin stört, wird kurz eine grüne Karte aufgezeigt, die eine Ermahnung ist, jedoch noch keine weiteren Konsequenzen nach sich zieht. Wird wieder gestört, folgt die gelbe Karte als eine Art letzte Verwarnung. Tritt erneut eine Störung durch den Schüler oder die Schülerin auf, folgt die rote Karte, die die mit der verletzten Regel einhergehende Konsequenz zur Folge hat. Die Ampel lässt sich, wenn dies so mit den Schülerinnen und Schülern zu Beginn des Schuljahres vereinbart wurde, auch dazu nutzen, zwischen verschiedenen Schweregraden von Störungen zu unterscheiden: Bei gravierenden Störungen kann auch gleich das Zeigen der roten Karte erfolgen.

Es geht bei Maßnahmen wie der Verhaltensampel und Ähnlichem folglich darum, unmissverständliche Signale zu setzen, dass ein bestimmtes Verhalten nicht tolerabel ist bzw. nicht geschehen darf. Dies ist notwendig, um eventuelle spätere Eskalationen zu vermeiden. Bei Thomas & Hennemann (2013) findet sich mit Bezug auf Bergsson & Luckfiel (1999), Braun & Schmischke (2006) sowie Lohmann (2003) und Nolting (2002) eine gute Zusammenstellung solcher Signale und Strategien, die man zum raschen Eingreifen nutzen sollte (vgl. auch die Disziplinierungsmaßnahmen in der Zusammenfassung nach Gold 2015 in ▸ Kap. 5.4):

– Schülerinnen und Schüler auf geltende Regeln hinweisen (ggf. mit Begründung) und sie dazu auffordern, ihr Verhalten zu ändern.
– Nonverbale Zeichen benutzen (Blickkontakt, sich dem Störenden nähern, Schüler an der Schulter berühren etc.).
– Appelle an die Schülerin oder den Schüler: »Dreh dich jetzt um, damit du wieder dem Unterricht folgen kannst.«
– Verhalten spiegeln in Form von beschreibendem, wertfreiem Feedback über das Verhalten des Lernenden bzw. über ihre oder seine Leistungen.
– Konfrontation der Schülerinnen und Schüler mit ihrem gezeigten Verhalten.
– Etwas versprechen, Schülerinnen und Schüler belohnen.
– Bis zu einem gewissen Grad Humor einsetzen.

- Timeout: Die Schülerin oder den Schüler für eine bestimmte Zeit aus der Klasse nehmen.
- Konsequenzen aufzeigen und dadurch auch Wahlmöglichkeiten darstellen.
- Verstärkerentzug: Bei einer Regelverletzung bzw. Störung des Unterrichts wird der Schülerin oder dem Schüler ein angenehmer Reiz (Verstärker) entzogen.
- Umlenken: Die Aufmerksamkeit der Schülerin oder des Schülers wird auf den Lerngegenstand zurückgelenkt.
- Umgestalten und Umstrukturieren, z. B. der Aufgabenstruktur oder des Unterrichtsaufbaus, wodurch eine erfolgreiche Bewältigung des Lernens ermöglicht wird.
- Umgruppierung, z. B. durch eine Veränderung der Sitzordnung oder der angewendeten Sozialform.

Die Anwendung reaktiver Strategien beim raschen Eingreifen ist oft mit negativen Emotionen sowohl aufseiten der Lernenden als auch aufseiten der Lehrkraft verbunden. Lohmann (2003) entwickelte daher zehn Regeln für die Gestaltung solcher Eingriffe (Interventionen) bei Störungen, um derartige Emotionen möglichst zu vermeiden:

»Regel 1: Der von der Intervention ausgehende störende Einfluss sollte nicht größer sein, als die Störung, gegen die sie gerichtet ist.
Regel 2: Fertigen Sie eine Liste für ›Null-Toleranz-Politik‹ an, auf der Sie für sich und die Klasse festhalten, welche Verhaltensweisen Sie unter keinen Umständen im Klassenraum durchgehen lassen, z. B. Mobbing.
Regel 3: Wann immer Sie intervenieren, tun Sie es konsequent! […]
Regel 4: Halten Sie die Stufen der Eskalation ein […].
Regel 5: Nicht ermahnen, sondern Ich-Botschaften oder beschreibende Rückmeldungen geben. […]
Regel 6: Nicht drohen. Kündigen Sie niemals etwas an, was Sie nicht umsetzen können oder wollen.
Regel 7: Nicht erpressen! Lassen Sie den Schülern echte Wahlmöglichkeiten, damit Sie lernen, für sich Entscheidungen zu treffen.

Regel 8: Was immer Sie an Interventionen, Konsequenzen und Strafen vorhaben, sprechen Sie es mit der Klasse ab.
Regel 9: Statt zu strafen konfrontieren Sie die Schüler sachlich mit logischen Konsequenzen.
Regel 10: Wenn Sie strafen, dann muss es auch wehtun.«
(Lohmann 2003, S. 156 f.)

Zunächst versucht die Lehrerin im Fall noch die Störung mit nonverbalen Signalen zu unterbinden. Als ihr dies wiederholt nicht gelingt, nimmt sie Pascal mit vor die Tür (Time out). Sie konfrontiert ihn mit seinem Verhalten und spiegelt dies kurz. Sie richtet ein Appell an ihn, zeigt die Konsequenzen seines Verhaltens auf und versucht mit dem Verweis auf die letzten Minuten der Stunde, seine Aktivität auf den Lerngegenstand umzulenken. Sie könnte versuchen, stärker mit Ich-Botschaften zu arbeiten, denn sie betont in dem Gespräch immer wieder das »Du« der Person und geht damit auch zum Teil von der konkreten Situation weg, für die Pascal eigentlich sanktioniert werden sollte.

5.7 Konsequenzen: Bestrafung und Belohnung

Auf Regelverstöße im Unterricht müssen Konsequenzen folgen (vgl. auch hierzu die Regeln nach Gold in ▸ Kap. 5.4 und Lohmann in ▸ Kap. 5.6). Grob lassen sich zwei Arten von Konsequenzen unterscheiden: Die Bestrafung unangemessenen Verhaltens und die Belohnung regelkonformen Verhaltens. Generell gilt, dass Belohnungen wirksamer sind als Bestrafungen. Im Bereich der Bestrafungen ist festzuhalten, dass man eher einen positiven Reiz entziehen sollte, als einen negativen (z. B. Sanktion) hinzuzufügen. Zu diesem Ergebnis kam auch Mayr (2008) in seinen Studien.

Für notwendige Konsequenzen formulieren Kiel, Frey & Weiß (2013) fünf Richtlinien. Konsequenzen sollten:
- unmittelbar nach dem störenden oder erwünschten Verhalten erfolgten,
- immer situationsgerecht und individuell sein,
- immer sachbezogen oder personenbezogen sein,
- nonverbale Formen der Verstärkung berücksichtigen,

– in Form der »Sandwich-Methode« (positives Verhalten nennen, negative Aspekte benennen, Konsequenz und positive Alternativen aufzeigen) erteilt werden.

Für den Umgang mit Konsequenzen eignet sich das Prinzip der konstruktiven Reaktionen auf Störungen bzw. des konstruktiven Sanktionierens. Hierbei wird präventiv gedacht und gehandelt. Die Lehrkraft sollte einen autoritativen und beziehungsorientierten Führungsstil (z. B. wertschätzende Kommunikation; ▸ Kap. 4.4 und 4.5) in der Klasse durchsetzen (Hoegg 2012). Zudem sollte sie die oben abgehandelten Maßnahmen des Classroom Managements nach Kounin und Evertson benutzen. Wenn eine Störung im Unterricht auftritt, sollte diese in Form von Ich-Botschaften an die Schülerin oder den Schüler adressiert werden (»Mir gefällt dein Verhalten nicht, weil ...«) und gleichzeitig mithilfe von »Du-Botschaften« der Fokus auf das erwünschte Verhalten gelenkt (»Du bearbeitest jetzt (bitte) die Aufgaben.«). Konsequenz handeln heißt dabei nicht immer, den Unterrichtsfluss zu unterbrechen, sondern manchmal auch nur der Schülerin oder dem Schüler nonverbal zu verstehen zu geben, dass man das Fehlverhalten wahrnimmt (Blick, Zeichen, sich nähern, auf Regel an der Wand verweisen etc.). Damit ist klar, dass das Verhalten rasch adressiert wurde und ggf. später eine Konsequenz folgt. Man kann sich zum Beispiel dadurch auch einen Handlungsaufschub verschaffen, indem man zum Gespräch nach der Stunde oder während einer Arbeitsphase der Klasse bittet. Bis dahin ist auch mehr Zeit zum Nachdenken über die Konsequenzen möglich.

Welche Konsequenzen auf Fehlverhalten könnten nun folgen? Zunächst sollte geprüft werden, ob das Fehlverhalten nicht ignoriert werden kann (siehe auch ▸ Kap. 5.4) oder ob es Sinn macht, eine sogenannte »Strafe zweiter Ordnung« zu nutzen, indem man etwas Angenehmes entfernt. Sollte beides nicht möglich sein, erfolgt eine sogenannte »Strafe erster Ordnung«, also das Hinzufügen von etwas Negativem für die Schülerin oder den Schüler. Dabei ist darauf zu achten, dass zwischen Konsequenz und Fehlverhalten ein Zusammenhang besteht, also ob man durch die Strafe das Fehlverhalten tatsächlich wiedergutmachen kann. Parallel zur Bestrafung sollte man bereits damit beginnen, dass Positivverhalten des Schülers oder der Schülerin aufzubauen oder zu verstärken, z. B. mit dem Hinweis auf eine Belohnung (Kiel, Frey & Weiß 2013). Oftmals haben Strafen nur eine kurze Halbwertzeit, was damit zusammenhängt, dass sie meist nur die Symptome der Unterrichtsstörung adressieren und nicht deren Ursachen.

> Im Gespräch mit Pascal macht die Lehrkraft dem Schüler die längerfristigen Folgen seines Fehlverhaltens als Konsequenz deutlich. Sie arbeitet dabei eher mit Negativ-Bildern, die wie eine Strafe erster Ordnung wirken (»Wenn du nicht aufpasst, bleibt deine Note so schlecht«). Empfehlenswert wäre es, mit Belohnungen zu arbeiten, z. B. »Wenn du dich konzentrierst, wirst du schon bald sehen, dass auch deine Leistungen besser werden.« Ebenso ist zu sehen, dass die Lehrkraft eher die Symptome der Störung, also die Gespräche von Pascal mit Marius, adressiert und nicht schaut, wo Ursachen hierfür liegen könnten. Durch einen Handlungsaufschub hätte sie Zeit gewinnen können, dies nach der Stunde mit Pascal zu klären.

Bei allen Formen von Konsequenzen, natürlich insbesondere bei Strafen, ist zu beachten, dass diese beziehungsbelastend wirken. Dies gilt vor allem bei als willkürlich und unangemessen empfunden Strafen. Daher ist es wichtig, im Bereich der Beziehungsförderung für ein gutes allgemeines Klassen- und Lernklima zu sorgen, das die Bestrafung als einen Sonderfall ansieht. Besonders unwirksam werden Strafen im Rahmen des Classroom Managements ab der Mittelstufe (7./8. Klassenstufe), da gerade ältere Schülerinnen und Schüler Sanktionen als nicht adäquaten und altersangemessenen Umgang mit ihnen ansehen (Kiel, Frey & Weiß 2013). Gerade für ältere Schülerinnen und Schüler sollte man sich demnach Gedanken machen, wie man mit Fehlverhalten umgeht.

Eine Möglichkeit, die Legitimität und Wirksamkeit von Konsequenzen zu erhöhen ist es in allen Altersstufen, diese bei der Formulierung von Konsequenzen mit einzubeziehen (Lohmann 2003). Dies funktioniert jedoch häufig– bei jüngeren Schülerinnen und Schülern – nicht ohne Probleme. Meist muss man zunächst deutlich machen, dass ein Verhalten, welches eine Regel verletzt, eine Konsequenz zur Folge hat, die dem Betreffenden bestimmte Rechte entzieht. Wenn diese Grundlage geklärt ist, kann man mit den Schülerinnen und Schülern gemeinsam über Regeln (auch ▸ Kap. 5.1) und mögliche Konsequenzen bei deren Verletzung sprechen. Egal, ob mit den Schülerinnen und Schülern gemeinsam oder als Lehrkraft allein, ist es zu empfehlen, Konsequenzen für Störungen des Unterrichts vor der Regelverletzung festzulegen. Beim Auftreten einer Störung befindet man sich meist selbst in einem Zustand emotionaler Erregung, was dazu führen kann, dass Konsequenzen zu hart, nicht transparent oder unverhältnismäßig ausfallen.

Lohmann (2003) fasst sinnvolle Konsequenzen wie folgt zusammen: Sie erfolgen zeitnah, sind vorher den Schülerinnen und Schülern bekannt und logisch, sind nachvollziehbar und nicht herabsetzend oder demütigend. Sinnvolle Konsequenzen sind abgestuft und verhältnismäßig und sollten dem Zweck dienen, der Schülerin oder dem Schüler dabei zu helfen, zukünftig Regeln und geforderte Verhaltensweisen besser einhalten und befolgen zu können. Bei Bestrafungen sollten auch die in Kapitel 2.1 genannten Tipps nach Kauffmann (2005) berücksichtigt werden.

Weiter oben wurde bereits darauf eingegangen, dass es besser ist, erwünschtes Verhalten zu fördern und zu belohnen als negatives Verhalten zu bestrafen. Auch die Förderung erwünschten Verhaltens mittels Verstärkern kann man als Konsequenzen betrachten. Dafür kann man verschiedene Belohnungsstrategien im Classroom Management einsetzen. Nolting (2002) empfiehlt beispielsweise, den Schülerinnen und Schülern immer wieder Anreize zu bieten, damit Verhaltensregeln eingehalten werden. Damit soll auch das Hauptaugenmerk der Klasse von störendem auf erwünschtes Verhalten verlagert werden. Weiterhin sollte die Belohnung erwünschten Verhaltens nach und nach wieder zurückgeführt werden. Nolting (2002) regt dafür folgendes Vorgehen an:
- Die Belohnung durch zeitlichen Aufschub vom positiven Verhalten langsam abkoppeln.
- Von regelmäßiger zu gelegentlicher Belohnung übergehen.
- Die Art der Belohnung nach und nach verändern: Von äußeren Anreizen (Lobkarten etc.) zu mündlichem Lob, Anerkennung etc.

Den Einsatz von Belohnungen als Konsequenzen betont Lohmann (2003) auch mit Blick auf die extrinsische positive Verstärkung, sowohl zur Störungsvermeidung als auch zur Motivation und Aktivierung. Besonders in Unterrichtsphasen, die keine hohe eigene intrinsische Motivation haben, empfiehlt Lohmann (2003) die Nutzung ideeller und materieller Verstärker als Anreize und Belohnungen. Solche Verstärker können: Sternchen- oder Punktesystem, Sozialprestige fördernde Auszeichnungen, Elternbriefe, Privilegien, materielle Belohnungen oder gemeinsame Aktivitäten für die Gruppe oder Klasse.

Ebenso wie bei der Bestrafung gilt auch für die Belohnung, dass die Konsequenz, die beide jeweils verkörpern, nur Mittel zum Zweck ist. Zum Beispiel darf ein extrinsischer Verstärker nicht suggerieren, dass die eigentliche Lernaktivität ohne diesen sinnlos ist.

6. Fälle

6.1 Fallarbeit zum Classroom Management

Das professionelle Wissen zum Thema Classroom Management, wie es in diesem Buch präsentiert wurde, weist wie andere Aspekte des Lehrens und Lernens einige Spezifika mit Blick auf die »Art« des Wissens auf (Syring et al. 2013):
- Das Wissen zum Classroom Management ist stark situationsgebunden (Leinhardt, McCarthy Young & Merriman 1995). Es kommt folglich immer auf den Kontext an, in dem das Wissen verwendet werden soll. Die erläuterten Modelle, Konzepte und Handlungshinweise müssen immer auf die Angemessenheit und Einsetzbarkeit in der jeweiligen konkreten Situation hin überprüft werden.
- Classroom Management im Unterricht bedeutet Handeln unter Druck (Wahl 1991). Ständig müssen im Klassenzimmer Entscheidungen getroffen werden (auch ▸ Kap. 1.1), die einerseits schnell fallen und andererseits einer Rechtfertigung standhalten müssen.
- Rokeach (1968) bezeichnet das Wissen zum Classroom Management als »practical knowledge«, welches schwer zu verändern ist. Einmal eingeübte Routinen können nur schwer neu gestaltet werden.

Das Erlernen bzw. die Veränderung von Wissen zum Classroom Management stellt demnach eine gewisse Schwierigkeit dar und umfasst besondere Anforderungen an den Lernprozess. Dieser Prozess zur Veränderungen und Verbesserung des Classroom Managements sollte aus drei Schritten bestehen: der Elaboration, in der durch Reflexion gelernt wird; der Expansion, in der das theoretisch erworbene Wissen in die Praxis integriert wird und der Externalisation, in der das Wissen beständig im Lehrerinnen- und Lehrerhandeln genutzt und reflektierend überprüft wird (Syring et al. 2013). Diese drei Schritte führen dazu, dass das eigene deklarative Wissen verändert wird, das Verhalten und Können sich dadurch verändert und in der Konsequenz der Unterricht als Ergebnis verbessert wird.

Classroom Management ist eine Fähigkeit, die sowohl der Routinen als auch beständiger Reflexion bedarf.

»Sowohl das Wissen, das Wollen und das Können müssen reflexiv eingeholt werden können – erst dann hat berufliche Kompetenz die notwendige Flexibilität und Entwicklungsoffenheit. Ausbalanciert wird dieses Element der Reflexion durch die ebenfalls notwendige Routinebildung, die ebenfalls ein sehr wichtiges Element für Kompetenzentwicklungsprozesse auf jeder der drei Dimensionen [Wissen, Können, Wollen] ist.« (Rothland & Terhart 2007, S. 19)

Die Fallarbeit ist eine Möglichkeit, um Routinen zu überprüfen und zu erweitern und dabei den Prozess der Reflexion zu erlernen und zu nutzen. Dazu können sowohl fremde Fälle, wie die bereits im Buch verwendeten bzw. in Kapitel 6.4 aufgelisteten, genutzt werden – aber natürlich auch Fälle aus der eigenen Unterrichtspraxis. Im folgenden Kapitel wird beschrieben, wie ein Fall mithilfe eines eigens entwickelten Analyserasters analysiert werden kann. Im anschließenden Kapitel werden einige Hinweise zum Aufschreiben respektive Verfassen eigener Fälle gegeben sowie zu Möglichkeiten der kollegialen Fallberatung (auch ▸ Kap. 2.6). Abschließend werden einige weitere Fälle präsentiert, die aus Hospitationen von fremden bzw. der Durchführung von eigenen Unterrichtsstunden entstanden sind.

6.2 Analyse von Unterrichtsfällen

Ein Fall ist eine »exemplarische Schlüsselsituation pädagogischen Handelns« (Goetze & Hartz 2010, S. 111). An ihm kann man Aspekte des Lehrerinnen- und Lehrerhandelns, aber auch des Schülerinnen- und Schülerhandelns erkennen und Ursachen oder Konsequenzen der Handlungen ableiten. In der Erziehungswissenschaft, insbesondere in der Schulpädagogik, hat die Fallarbeit – die sogenannte Kasuistik – eine lange Tradition (vgl. Syring et al. 2016).

Es existieren unterschiedliche Vorgehensweisen zur Analyse von Unterrichtsfällen. Eine Variante für die Analyse von Unterrichtsvideos, die im Grunde auch Fälle darstellen, wurde in Kapitel 2.6 bereits vorgestellt. Ausgehend von dieser Vorgehensweise sowie mit Blick auf weitere Arbeiten zur pädagogischen Kasuistik (Binneberg 1979; Fatke 1995) und pädagogischen Hermeneutik (Klafki 1971; Wernet 2000), zur *Case Study Method* (McNair 1954), zum Ansatz des situierten Lernens (Lave & Wenger 1991), zum Ansatz des *case-based reasoning* (Riesbeck & Schank 1989; Kolodner 1993) sowie zum Konzept der Fallstudie (Kaiser 1983; 1985) wurde ein eigenes Vorgehen und Raster zur Analyse von Unterrichtsfällen entwickelt (Syring 2014; Kohler, Prinz, Schneider & Syring 2015; Schneider 2016). Das Analyseraster nimmt auch Bezug auf die professionelle Wahrnehmung von Unterricht als eine Fähigkeit, die basal ist für einen Reflexionsprozess über fremdes und eigenes Handeln in pädagogischen Situationen (auch ▸ Kap. 2.6). Ein guter Überblick über solche Konzepte und Modelle der wissenschaftlichen Unterrichtsbeobachtung (Seidel & Prenzel 2008), der Unterrichtswahrnehmung (Seidel, Blomberg & Stürmer 2010) bzw. der professionellen Deutung von Lehr-Lern-Situationen (Digel, Goeze & Schrader 2012) findet sich bei Schwindt (2008) oder Schneider (2016).

Das vorgestellte Raster (vgl. Tab. 6) ist leicht verändert dem Schulmagazin 5–10 entnommen (Kohler, Prinz, Schneider & Syring 2015) und enthält neben den Analyseschritten für die Arbeit mit Fällen und möglichen Leitfragen auch einen kurzen Beispielfall zur Erläuterung der Schritte. Der Fall beschäftigt sich mit dem Aspekt des Stellens von Arbeitsaufträgen im Unterricht (▸ Kap. 3.7).

Analyse-schritte	Mögliche Leitfragen	Beispielantworten (gekürzt)
1. BESCHREIBUNG		
Gesamt-situation	- Was geschieht? - Wen sehe ich? - Was sehe ich? - Was wird gesprochen?	- Die Klasse hat einen Tafelanschrieb ins Heft übernommen. Es wird nun ein Arbeitsauftrag für die nachfolgende Einzelarbeit gestellt. … - Sichtbar sind die Lehrerin vor der Tafel und die Lernenden der ersten Reihe von hinten. - Die Lehrkraft hält ein Arbeitsblatt mit historischen Aufnahmen in der Hand und spricht zur Klasse … - L: »Also, mir überlegt euch, was der König, weil der ja, ihr könnt aber auch zuerst, also wenn ihr das Bild verglichen habt und dann schon mal überlegt habt …«
2. ANALYSE		
2.1 Handlung der Lehrkraft	- Wie handelt die Lehrperson?	- Die Lehrperson formuliert den Arbeitsauftrag für die Einzelarbeit mündlich. - Dabei korrigiert sie sich mehrfach und stellt Alternativen der Bearbeitung vor. »Klarheit und Strukturiertheit« als anerkannte Merkmale guten Unterrichts erscheinen wenig ausgeprägt. - Die Lehrkraft spricht sehr schnell und macht kaum Pausen. - Die Nebengespräche der Schülerinnen und Schüler spricht sie an; sie reagiert mit ironischem Unterton. Mit Blick auf wissenschaftliche Erkenntnisse zur Klassenführung …
2.2 Mögliche Ursachen dieser Handlung	- Warum handelt die Lehrkraft so?	- Die Lehrkraft hat sich den Arbeitsauftrag vor der Stunde nicht notiert. Der Planungsmangel wird im unterrichtlichen Prozess sichtbar. - Sie merkt beim Erläutern des Arbeitsauftrags, dass es mehrere Möglichkeiten der Bearbeitung gibt, und möchte diese anbieten, um über Interessenorientierung, Passung und Schülerbeteiligung Motivation zu stärken. - Die Stunde ist schon weiter fortgeschritten als geplant; ein Notieren an der Tafel erscheint der Lehrkraft daher zu zeitaufwendig.

2.3 Mögliche Konsequenzen dieser Handlung	– Wie reagieren die Lernenden auf die Handlung der Lehrkraft? – Welche Folgen hat die Handlung für die Lehrkraft selbst? – Was bedeutet diese Handlung für den weiteren Unterrichtsverlauf?	– Die Lernenden haben Schwierigkeiten, den Erläuterungen zu folgen und fragen ihre Sitznachbarn, was zu tun sei. – Es entsteht Unruhe in der Klasse. Die Lehrkraft spricht laut und erscheint angestrengt. Sie erlebt wenig Selbstwirksamkeit. Langfristig gesehen ist dies der Gesundheit und der Lehrer-Schüler-Beziehung abträglich. – Die Lernenden stellen Rückfragen, welche zwar beantwortet, aufgrund der Unruhe aber nicht von allen gehört werden. – Das Stellen des Arbeitsauftrags dauert durch die Rückfragen länger als geplant; die Zeit fehlt im Verlauf der Stunde. – Die nachfolgende Arbeitsphase gelingt nicht wie geplant. Die eröffneten Freiräume werden kaum genutzt, die Lernziele nur von wenigen erreicht. Es bleiben Fragen offen.
2.4 Mögliche Handlungsalternativen	– Wie könnte die Lehrkraft alternativ handeln?	– Die Lehrkraft kann sich die zentralen Punkte des Arbeitsauftrags in der Planung überlegen und notieren. – Sie kann den Arbeitsauftrag klar und verständlich auf dem Arbeitsblatt notieren – oder an der Tafel bzw. auf einer Folie. – Die Lehrkraft kann Schritt für Schritt nennen und Lernende die Schritte wiederholen lassen. – Die Lehrkraft kann sich auf Konzepte zur Klassenführung beziehen und vorab Regeln für bestimmte unterrichtliche Situationen etablieren oder im Prozess die Klasse mit Humor zu einem anderen Verhalten bewegen.
3. BEURTEILUNG/ENTSCHEIDUNG		
Handlung der Lehrkraft in der Situation	– Wie beurteile ich die Handlungen der Lehrkraft? – Welche Handlungsalternative würde ich wählen?	– Die Handlung der Lehrkraft ist mit Blick auf den Unterrichtsprozess und das Unterrichtsergebnis problematisch. Die Handlung erscheint in fachlicher Hinsicht nicht zielführend und kann Beziehungen sowie Gesundheit beeinträchtigen. – Ich würde Arbeitsaufträge vorab überlegen und schriftlich festhalten und stärker auf Grundlagen der Klassenführung achten.

Tab. 6: Analyseschritte und Leitfragen

Grundsätzlich findet die Analyse von Fällen in drei Schritten statt:
- *Beschreibung*: Hier wird zunächst die Gesamtsituation betrachtet und wertfrei beschrieben.
- *Analyse*: Aspekte des Handelns der Lehrkraft, möglicher Ursachen und Konsequenzen werden hier analysiert und interpretiert. Ebenso werden mögliche Handlungsalternativen entwickelt.
- *Beurteilung und Entscheidung*: Abschließend wird die Handlung der Lehrkraft in der konkreten Situation beurteilt; vor dem Hintergrund der möglichen Handlungsalternativen wird eine Entscheidung für das künftige Handeln getroffen.

Im Schritt der Analyse findet die eigentliche Interpretation des Falles statt. Oftmals sind dabei Ursachen und Konsequenzen im Fall gar nicht direkt zu sehen bzw. beschrieben und müssen antizipiert werden.

6.3 Verfassen eigener Fälle und kollegiale Fallberatung

Beim Verfassen eigener Fälle zum Unterricht können die oben genannten Schritte der Fallanalyse helfen, denn sie beinhalten bereits die Aspekte, die einen guten Fall ausmachen. Fälle sollten dabei authentisch sein, also so im Schul- und Unterrichtsalltag aufgetreten sein. Natürlich kann man nicht alle Aspekte im Fall mitbeschreiben bzw. festhalten, daher wird aus der realen Situation ein authentischer Fall, in dem auch weggelassen werden darf oder z. B. Namen geändert werden dürfen. Ein Fall kann sowohl positiv als auch negativ, also gelungen oder nicht gelungen, sein. An beiden Typen lässt sich lernen: Gelungene Fälle lassen sich auf ihre Gelingensbedingungen hin analysieren und für die Zukunft ebenso nutzen wie nicht gelungene, negative Fälle, an denen konkrete Handlungsalternativen entwickelt werden können. Der authentische, positive oder negative Fall sollte auch einen prototypischen Charakter haben, das heißt, er sollte häufiger vorkommen, von besonderer Relevanz oder besonders folgenreich sein. Dies bedeutet auch, dass jede Situation zum Fall gemacht werden kann: Die Lehrkraft als Fallautorin bzw. Fallautor bestimmt durch das Aufschreiben, welche Situation in den Fokus der Analyse gerückt werden soll.

Beim Aufschreiben sollten im Sinne der kritischen Ereignisanalyse folgende Aspekte eine Rolle spielen, damit der Fall später umfassend analysiert werden kann (Kiel, Buyse, Lerche, Saalfrank, Schlegel, Steinherr & Weiß 2016):
- Schilderung der Situation: Wer ist beteiligt bzw. wer sind die Akteure des Geschehens? Was passiert wann, wo und wie in der Situation?
- Vorauslaufende Bedingungen: Fanden Ereignisse bereits vor dem beschriebenen Fall statt, die für das Verständnis des Falles wichtig sind?
- Situationsspezifische Bedingungen: Liegen Aspekte vor, die für das Verständnis der konkreten Situation wichtig sind (z. B. zeitliche und räumliche Bedingungen, Absprachen, bestimmte Fähigkeiten etc.)?
- Folgen der Situation: Schilderung von Folgen und Konsequenzen der Situation für die beteiligten Personen aber auch für Prozesse und andere Ebenen (z. B. Eltern, Schulleitung etc.).

Ein verfasster Fall, der zur Analyse, zum Beispiel auch mit Kolleginnen und Kollegen, genutzt werden soll, sollte nicht länger als eine halbe bis eine Seite sein. Beim Aufschreiben des Falles sollte abschließend darauf geachtet werden, dass es um die reine Beschreibung einer Situation geht, diese also möglichst wertfrei geschildert wird. Gerade das Beschreiben ohne zu werten stellt eine große Schwierigkeit dar, weshalb hierauf besonders bei den ersten Fallbeschreibungen besonders geachtet werden sollte.

Der selbst aufgeschriebene Fall kann eigenständig mithilfe des Rasters aus Kapitel 6.2 analysiert werden. Es bietet sich jedoch an, im Sinne der kollegialen Fallberatung die verfassten Fälle gemeinsam mit Kolleginnen und Kollegen zu besprechen. Letztlich wurde die kollegiale Fallberatung in der Schule schon immer informell praktiziert: Man tauscht sich im Lehrerzimmer über eine bestimmte Situation, eine Klasse oder eine Schülerin bzw. einen Schüler aus und bittet um Rat, Unterstützung oder einfach nur Bestätigung für das eigene Handeln. Zusehends werden diese informellen Prozesse in Schulen formalisiert und angelehnt an Konzepte der Superversion als kollegiale Fallberatung durchgeführt. Dies geht zu zweit oder in kleineren Gruppen. Die kollegiale Fallberatung läuft in mehreren Schritten ab, die im Folgenden kurz dargestellt werden (vgl. auch Zeiler 2012; Tietze 2003; Freitag 2007):

- *Casting:* Hier werden die Rollen der Fallberatung besetzt: Wer ist der Fallgeber, wer der oder die Berater, wer ggf. der Moderator und wer der Schriftführer?
- *Fallerzählung:* Hier wird der aufgeschriebene Fall vor- und mitgelesen. Die Mitglieder der Beratungsgruppe erhalten die Möglichkeit für Nachfragen.
- *Schlüsselfrage:* Der Fallgeber formuliert eine Frage, die er an den Fall richten bzw. beantwortet haben möchte. Sie wird zur Schlüsselfrage für die Beratung.
- *Methodenwahl:* Die Gruppe einigt sich auf eine Methode, mit der die Frage beantwortet bzw. die Beratung stattfinden soll. Dies können kreative Methoden sein. Wenn die Frage des Fallgebers z. B. ist, warum eine Schülerin in der Situation gerade so gehandelt hat, könnte die Methode des Brainstormings dazu dienen, in der Beratung mögliche Ursachen zu ergründen.
- *Beratung:* In der Phase der Beratung werden mithilfe der ausgewählten Methode Antworten auf die Schlüsselfrage des Fallgebers gesammelt und vorgestellt bzw. diskutiert.
- *Abschluss:* Der Fallgeber erhält die Möglichkeit, abschließend Stellung zu den genannten und diskutierten Vorschlägen zu nehmen und eine Zusammenfassung zu geben.

Ähnlich wie hier dargestellt funktioniert auch die kollegiale Fallberatung in zehn Schritten nach dem sogenannten Heilsbronner Modell (Kokomnet: www.kokom.net/p365354134_406.html). Es ist ersichtlich, dass sich in den Schritten bereits viele Aspekte der Fallanalyse aus Kapitel 6.2 wiederfinden. Je nachdem, wie die Schlüsselfrage des Fallgebers lautet, können auch einzelne Punkte der Fallanalyse intensiver behandelt oder weggelassen werden, wie zum Beispiel die Analyse von Ursachen oder Konsequenzen.

Die kollegiale Fallberatung ermöglicht es, die einzelne Lehrkraft zu entlasten, da die Expertise der gesamten Gruppe genutzt wird und eine innere Distanz zum Geschehen im Fall hergestellt werden kann. Zudem vermittelt sie Anregungen, Ideen und Handlungsoptionen, auf die man allein vielleicht nicht gekommen wäre. Außerdem ermöglicht die kollegiale Fallberatung einen freien Blick auf Konflikte, Probleme und Unstimmigkeiten im pädagogischen Handeln, da außerhalb des Klassenzimmers ohne Handlungsdruck analysiert und reflektiert werden kann und ein geschützter Rahmen gegeben ist.

Die kollegiale Fallberatung eignet sich für fast alle Themen, die den Schul- und Unterrichtsalltag betreffen. Nicht geeignet sind private und persönliche Themen sowie Probleme und Konflikte, die Teilnehmerinnen und Teilnehmer der Beratungsgruppe betreffen bzw. zwischen ihnen stehen. Ebenso sollten allgemeine Organisations- und Strukturfragen nicht in der Fallberatung, sondern gegebenenfalls im gesamten Kollegium oder mit der Schulleitung besprochen werden.

6.4 Unterrichtsfälle

Es wurden bereits zu Beginn der drei Kapitel zur Unterrichtsgestaltung, zur Beziehungsförderung und zur Verhaltenssteuerung drei Fälle dargestellt. Diese Fälle eignen sich natürlich auch zur Analyse anderer Aspekte des Classroom Managements, die in diesem Buch dargestellt wurden. Im Folgenden werden neun weitere Fälle vorgestellt. Darüber hinaus findet man unzählige weitere Fälle in Online-Fallarchiven sowohl in schriftlicher wie auch in Videoform. Empfehlenswerte Fallarchive sind:

- Universität Kassel: www.fallarchiv.uni-kassel.de
  Text- und Videofälle sortiert nach Schulformen und Fächern, die Anregungen für die Auseinandersetzung mit Schule und Unterricht geben.
- Universität Frankfurt: www.apaek.uni-frankfurt.de
  Eine Vielzahl an Dokumenten unterschiedlichster Art, wie Audio- und Videodokumente, Fallrekonstruktionen, Interviews und Unterrichtstranskripte aus der pädagogischen Praxis.
- Schweizer Videoarchiv: www.unterrichtsvideos.ch
  Videographierte Unterrichtssequenzen aus den Primar- und Sekundarstufen verschiedener Länder und Fächer mit zusätzlichen Informationen und Materialien.

- Universität Münster: www.uni-muenster.de/Koviu
Unterrichtsvideos aus dem naturwissenschaftlichen Grundschulunterricht mit Unterrichtsentwürfen, Lehrmaterial, Verlaufsprotokollen, Transkripten.

Zudem findet sich eine Vielzahl an schriftlichen Fällen in Fallarbeitsbüchern, wie zum Beispiel in *Herausfordernde Situationen in der Schule. Ein fallbasiertes Arbeitsbuch* (Kiel, Kahlert, Haag & Eberle 2011) oder *Kritische Situationen im Referendariat bewältigen. Ein Arbeitsbuch für Lehramtsstudierende* (Kiel & Pollak 2011).

Die folgenden neun Fälle können mithilfe der in Kapitel 6.2 abgedruckten Tabelle zum Vorgehen bei der Fallanalyse bearbeitet werden. Wichtig ist dabei, sich zu jedem Fall zunächst ein bis zwei Leitfragen zu überlegen: Was soll eigentlich analysiert werden? Diese könnten z.B: lauten:
- Was ist mit Blick auf die Beziehungsförderung besonders gelungen?
- Wie führt die Lehrkraft Regeln ein?
- Was hätte die Lehrkraft in ihrer Unterrichtsplanung berücksichtigen müssen, damit bestimmte Probleme gar nicht erst aufgetreten wären?

Fall 1: Sachfremde Unterhaltung und Lachen

Die Lehrerin einer 6. Klasse im Fach Mathematik geht während der Übungsphase durch die Klasse und beantwortet einzelne Nachfragen. Insgesamt ist es unruhig. Die Schülerinnen und Schüler unterhalten sich recht laut über die Aufgaben – eine Gruppe beschäftigt sich auch noch mit etwas anderem.

Die Lehrerin steht bei einer Gruppe in der Mitte der Klasse, bei der es eine Nachfrage gab. Eine andere Gruppe vorn im Klassenzimmer stört. Die Lehrerin bleibt jedoch stehen, wo sie ist, und ruft der lauten und scheinbar auch etwas anderes machenden Gruppe von Weitem zu: »Es ist mir zu laut. Seid ihr ... kommt ihr voran, mit ...?« Als die Schülergruppe mit »Ja« antwortet, fragt die Lehrerin nach: »Fabian. Ihr seid durch und könnt schon die erste Aufgabe machen.« Als dieser wieder mit »Ja« antwortet, fragt die Lehrerin ungläubig nach: »Ihr seid schon mit der ersten fertig? Also es gibt nachher ...

ok. Aber dann einfach ein wenig leiser, gell?« Anschließend wendet sie sich wieder der fragenden Schülerin zu und beschäftigt sich mit ihr. Die Schülerin fragt: »Ich mag den gemeinsamen Nenner halt finden. Aber eigentlich ist das ... das leichter, das habe ich kapiert. Das versteh ich noch nicht.« Die Lehrerin entgegnet: »Ah ja. Das verstehst du nicht. Ok, dann schauen wir uns das an.« Gemeinsam gehen sie die Rechenschritte durch. Ein Schüler meldet sich außerhalb des Blickfeldes der Lehrerin, die ihn so nicht sieht; dadurch scheint er unruhig zu werden.

Am Ende der Stunde wird eine der Übungsaufgaben exemplarisch im Plenum an der Tafel gelöst. Die restlichen Aufgaben des Arbeitsblattes sind die Hausaufgabe.

Fall 2: Kaugummikauen und Verlassen des Raumes

In einer Biologiestunde der 7. Klasse eines Gymnasiums erarbeiten sich die Schülerinnen und Schüler in Einzelarbeit einen Text zum Thema »Das Verdauungssystem des Menschen«. Die Lehrerin bereitet bereits das Tafelbild vor und dreht sich hin und wieder um, um den Blick über die Klasse schweifen zu lassen. Maximilian arbeitet konzentriert, unterstreicht sich Textstellen und beginnt, erste Stichpunkte in sein Heft zu übernehmen. Plötzlich steht die Lehrerin vor ihm: »Was kaust du denn da im Mund?« Maximilian reagiert zunächst erschrocken: »Einen Kaugummi, da kann ich mich besser konzentrieren.« Die Lehrerin fordert ihn auf, den Kaugummi in den Papierkorb zu bringen, da das Essen in ihrem Unterricht nicht erlaubt sei. Auf dem Weg durch den Klassenraum redet Maximilian leise vor sich hin. Die Lehrerin, die an Maximilians Platz stehen geblieben ist, fragt durch die Klasse, was Maximilian gesagt habe, diese dreht sich zu ihr und entgegnet: »Bei Herrn Schneider dürfen wir im Unterricht Kaugummi kauen, wenn wir nicht reden.« Die Lehrerin wiederholt nochmals, dass es bei ihr anders sei und Maximilian sich beeilen solle, da er die ganze Klasse gerade beim Arbeiten störe. Daraufhin verlässt Maximilian das Klassenzimmer, die Lehrerin läuft ihm zur Tür hinterher und fragt in den Flur, wo er hingehe, er kann doch nicht einfach den Raum verlassen.

Fall 3: Zuspätkommen

Es handelt sich um eine Mathematikstunde in einer 8. Klasse an einer Hauptschule. Das Thema der Stunde ist der Unterschied zwischen Bruchtermen und Termen mit Brüchen (Wiederholung) sowie Rechnen mit Bruchgleichungen (Übung).

Die Klasse begrüßt die Lehrerin zum Stundenbeginn im Chor. Anschließend verteilt die Lehrerin kleine Geburtstagszettelchen mit den Worten »Nun muss ich etwas nachholen, was eigentlich schon längst fällig ist.« Zunächst sucht sie an ihrem Pult danach (»Jetzt habe ich einen ... einer fehlt mir«), und gibt sie dann zwei Schülerinnen, die bereits in den Ferien Geburtstag hatten; dabei gratuliert sie ihnen. Kurz wird sie dabei von einer störenden Schülerin unterbrochen, der sie im Vorbeigehen ein »Natalie, lass das Zeug« zuwirft. Danach fährt sie mit organisatorischen Besprechungen fort: »Gut dann ... das war das Erste, was mir wichtig war, dass das jetzt ... Dann möchte ich diejenigen, die neulich vom Herrn Göttlicher [Hausmeister] erwischt wurden mit dieser Klinke, die haben einen Auftrag bekommen von ihm –und zwar die Schulordnung abzuschreiben. Und, habt ihr bereits abgegeben?« Die betreffenden Schüler bejahen dies. »Gut, das war das, was ich jetzt gleich regeln wollte. Ich hoffe, ich habe jetzt nichts vergessen. Ok, dann können wir ...« Die Lehrerin wird von einem zu spät kommenden Schüler unterbrochen, der das Klassenzimmer unter Bemerkungen seiner Mitschüler (»Da ist er ja!«, »Zu spät!«) betritt. Die Lehrerin fragt: »Dennis, was ist los? Wieso ...? Dennis, was war los?« Dennis hat verschlafen und geht zu seinem Platz. Die Lehrerin geht zu ihrer Tasche, kramt darin, läuft dann wieder zurück und kommentiert das verspätete Kommen mit »Ok, ich glaub, ich hab jetzt keinen Stift dabei. Ich trag es dann ein. Also ich bitte euch schon, dass ihr – wenn ihr in der Pause seid – dass ihr pünktlich da seid. Dennis, auch du, ja?« Der Rest der Klasse ist unruhig und unterhält sich an den Gruppentischen.

Fall 4: Hausaufgabenkontrolle

In einer Chemiestunde der 11. Klasse sollen zu Beginn die Hausaufgaben verglichen werden. Der Lehrer geht dabei die Bankreihen durch, jeder Schüler bzw. jede Schülerin muss nacheinander an die Tafel kommen und eine Formel anschreiben. Teresa und Luisa haben ihre Hausaufgaben vergessen. Luisa rechnet sich aus, dass sie bei zwölf zu vergleichenden Formeln nicht mehr drankommt, da Teresa vor ihr die Nummer 12 in der Sitzreihe ist. Teresa sagt dem Lehrer, sie hätte ihren Hefter zu Hause vergessen. Dieser schaut sie prüfend an, geht dann zu einem A3-Zettel neben der Tür und macht hinter ihrem Namen einen Strich. Dann bittet er Luisa nach vorne zu kommen, da eine Formel ja noch fehlt. Auch diese sagt, sie hätte ihre Hausaufgaben vergessen. Wieder geht der Lehrer an den Zettel, schreibt Luisas Namen auf und macht einen Strich dahinter. Er wendet sich zur ganzen Klasse: »Wenn ihr eure Hausaufgaben vergesst, sagt es mir bitte vor der Stunde, dann kann ich gleich wie vereinbart einen Strich auf der Vergessens-Liste machen. Teresa, du hast übrigens jetzt drei Striche, komm doch bitte nach der Stunde zu mir.« Danach nimmt der Lehrer den nächsten Schüler an die Reihe, der hektisch in seinem Hefter kramt, da er bis jetzt mit seinem Handy unter dem Tisch gespielt hatte. Er kommt zur Tafel und schreibt die letzte Formel an.

Fall 5: Desinteresse

In der 8. Klasse einer Werkrealschule beginnt der Musiklehrer die Stunde mit einem kurzen Ausschnitt aus einer Oper, den er von einer CD abspielt. Trotz mehrmaliger Ermahnung tuscheln die Schülerinnen und Schüler untereinander. Der Lehrer dreht die Lautstärke der CD immer lauter, scheinbar in der Hoffnung, dass die Klasse leiser wird. Anschließend fragt er die Schülerinnen und Schüler, was sie gehört haben. Die Klasse ist unglaublich träge und beteiligt sich kaum. Der Lehrer ruft nacheinander Schülerinnen und Schüler quer durch den Raum auf. Auch bei der anschließenden Stillarbeitsphase wirken sie lustlos und desinteressiert. Der Lehrer geht durch den Raum, schaut den Schülerinnen und Schülern über die Schulter und fragt nach, warum sie sich nicht konzentrieren können, was denn los sei etc. Nachdem der Lehrer zu seinem Tisch zurückgegangen ist, fängt die hintere Bankreihe an, mit Papierkugeln Tischfußball zu spielen. Zunächst geschieht dies noch im Geheimen, immer wenn der Lehrer hinschaut, wandern die Blicke der Schülerinnen und Schüler in die Bücher. Zunehmend zeigen sie ihr Desinteresse jedoch offensichtlicher, indem sie sich in halber Lautstärke über Tore freuen und sich gegenseitig anfeuern.

Fall 6: Unterbrechung Arbeitsphase

Gemeinsam wiederholen die Schülerinnen und Schüler der 9. Klasse einer Sekundarschule im Unterrichtsgespräch binomische Formeln, lösen einige kurze Übungsaufgaben an der Tafel und schlagen dann ihren Hefter auf, um das neue Thema »Binomische Formeln« und eine Beispielaufgabe (von der Tafel) zu übernehmen.

Anschließend soll das Thema geübt werden, dazu verteilt die Lehrerin ein Arbeitsblatt und erläutert: »So. Alle kommen jetzt zu dem Blatt. Überschrift heißt: ›Lösen von binomischen Formeln‹. Es sind einige Erklärungen angegeben auf diesem Zettel. Ich habe ihn mit meinem Computer Cliparts – da komme ich jetzt ran, nachdem wir jetzt unser DSL haben und … aber der Supergau war dann gestern Abend, nachdem ich noch lange telefoniert hatte. Ich hatte dieses Blatt zusammengestellt, weil das sind Aufgaben, die wir schon einmal im letzten Jahr hatten, bloß haben wir uns damals mit den Gleichungen weniger beschäftigt. Und dann hab ich die aus dem Buch rausgenommen, hab die in den Computer eingegeben, und als ich das ausgedruckt hab, war alles drauf, nur keine Zahlen. Und das war natürlich ein tolles Arbeitsblatt. Gut, ich hab es dann doch irgendwie hingekriegt. So, den Anfang guckt ihr euch jetzt durch. Ihr ergänzt den Anfang, weil ihr das ja vielleicht noch nicht genau wisst, was da passiert. Deswegen habe ich euch das hingeschrieben. Was passiert in den nächsten Schritten. Und ihr schreibt immer dahinter, entweder ›ausklammern‹, ›zusammenfassen‹ … ihr kennt das ja, das haben wir ja alles gemacht. Dann überlegt ihr euch in eurer Gruppe, für was würdet ihr euch entscheiden, was erscheint euch am einfachsten und dann versucht ihr mal zuerst die Aufgabe 1a und b. Mit der fangt ihr mal an. Ok, es geht los. Ich denke, ich mache jetzt so einen Abschnitt von 10 Minuten, wo ihr Zeit habt. Dann werde ich nach 10 Minuten, werde ich nochmals nachfragen, wie weit ihr gekommen seid. Und entsprechend gestaltet sich dann auch eure Hausaufgabe.« Anschließend beginnen die Schüler das Arbeitsblatt zu bearbeiten.

Fall 7: Übergang Sozialform

Im Religionsunterricht einer 5. Klasse haben die Schülerinnen und Schüler gerade in Partnerarbeit mithilfe von drei Fragen einen kurzen Text aus dem Religionsbuch gelesen und besprochen. Jedes Schülerpaar hatte dabei einen anderen Text. Nun sollen die Schüler in zwei großen Gruppen zusammenkommen und sich gegenseitig die Antworten zu ihren Fragen präsentieren und eine gemeinsame Zusammenfassung daraus erstellen. Die Lehrkraft stellt sich zwischen die Partnertische in den Raum und hebt den linken Arm, bis es ganz still ist und alle zu ihr schauen. Danach setzt sie an: »Nun geht jeder Schüler bzw. jeder Schülerin aus einem Paar in eine Gruppe. Die Gruppe eins trifft sich vorn an der Tafel, die Gruppe 2 hinten im Raum. Derjenige oder diejenige von euch aus der Partnerarbeit mit dem niedrigeren Anfangsbuchstaben des Vornamens geht in Gruppe 1, der oder die andere in Gruppe 2. Die Aufgabe sage ich euch dann, wenn ihr in den Gruppen seid. Alles verstanden?« Leo will bereits aufspringen, der Lehrer blickt ihn an, sodass Leo sich wieder setzt. »Ich will erst wissen, ob alle verstanden haben, was zu tun ist. Wenn das so ist, okay, keiner meldet sich, dann könnt ihr in eure Gruppen gehen.« Innerhalb einer halben Minute stehen vorn und hinten im Raum die zwei Gruppen. Die Lehrkraft steht immer noch in der Mitte des Raumes, hebt wieder den linken Arm, bis alle Gespräche eingestellt sind und verkündet die Aufgabenstellung. Sie schließt damit: »Und ihr habt so 15 Minuten Zeit, dann komme ich mal rum und schaue, was ihr schon habt. Und denkt an unser Plakat mit Gruppenarbeit und so.«

Fall 8: Präsentationsformen im Lehrervortrag

In einer Englischstunde der 7. Klassen an einer Realschule wird das neue Thema »USA« eingeführt. Zunächst sollen einige landeskundliche Informationen und Eigenheiten dargestellt werden. Es ist die siebte Stunde am Mittwoch, die Schülerinnen und Schüler sitzen mit Blick zum Lehrerpult und der Tafel in einer U-Form an ihren Bänken. Die Lehrerin beginnt ihren Lehrervortrag mithilfe einer Folie, auf der neben der Flagge und einigen Fakten zu den USA auch eine Karte abgebildet ist. Die ersten Schülerinnen beginnen zu tuscheln. Die Lehrerin wirft ihnen einen strengen Blick zu, das

Unterrichtsfälle | 143

Tuscheln wird jedoch nicht eingestellt. Die Lehrerin bewegt sich nun auf die Gruppe der schwatzenden Schülerinnen zu, ohne dabei ihren Vortrag zu unterbrechen. Die Mädchen kommen zur Ruhe, jetzt meldet sich in einer anderen Ecke ein Junge: »Man kann auf der Folie gar nichts erkennen, es ist zu dunkel.« »Nein, zu hell ist es ...«, meint sein Nebensitzer. Die Lehrerin dreht sich zur Folie: »Ja das stimmt, ist aber nicht so wichtig, was da steht, weil ihr mir ja zuhören sollt!« Aus der vormals tuschelnden Mädchengruppe kommt jetzt ein: »Ja! Das war auch unser Problem, darüber haben wir uns unterhalten, weil Maren nicht lesen konnte ...« Die Lehrerin unterbricht die Schülerin mit einem »Ja, ja«. Sie begibt sich wieder an die Tafel: »Nun, sicherlich werdet ihr gleich mehr sehen, ich habe euch nämlich noch einen kurzen Film zu den USA mitgebracht.« Die Lehrerin schaltet den Beamer ein, die Verbindung zum Lehrercomputer scheint jedoch nicht zu funktionieren. Sofort kommt Unruhe in der Klasse auf: »Sie müssen zuerst ...«, »Soll ich ihnen helfen?« Auch die Mädchengruppe beginnt wieder zu reden. Die Lehrerin reagiert empört: »So, jetzt reicht es mir mit euch dreien. Ich will euch nach der Stunde bei mir hier vorn sehen, wenn ihr immer meinen Unterricht stört.«

Fall 9: Vertrauen und Gruppenarbeit

Das Thema der Geschichtsstunde (WZG) in einer 8. Klasse der Hauptschule ist »Ludwig XIV.«. Die Lehrerin verwendet zum Einstieg in das Thema ein Bild des Sonnenkönigs (welches bereits an der Tafel hing). Bereits in der vorherigen Stunde hatte die Lehrerin Fragen für die kommende Unterrichtsstunde formulieren lassen und hatte diese an der Tafel notiert, sodass sie für die Schülerinnen und Schüler in der nun folgenden Unterrichtsstunde weiterhin sichtbar sind. Nun sollen die Schülerinnen und Schüler einige dieser Fragen in Gruppenarbeit bearbeiten.

Die Lehrerin teilt hierfür die Gruppen ein. Sie erwähnt, dass die Arbeit in Gruppen bekannt sei: »Ihr kennt das; das machen wir sonst ja auch öfters.« Zunächst stellt sie die Themen der vier verschiedenen Gruppen und gleichzeitig die verschiedenen Präsentationsformen für die Gruppenarbeit kurz vor. Sie weist darauf hin, dass die Arbeitsanweisungen mit Informationstexten dann nochmals schriftlich auf einem Zettel ausgeteilt werden. Eine Gruppe beschäftigt sich mit dem Tagesablauf von Ludwig XIV. und eine weitere Gruppe mit dem Schloss Versailles. Beide Gruppen sollen mit Hilfe des Textmaterials ein kleines Rollenspiel entwerfen und durchführen; die dritte Gruppe geht der Frage nach, warum Ludwig XIV. »Sonnenkönig« hieß, und soll zum Präsentieren »ein bisschen was mit Musik oder eventuell auch Tanz machen«. Sie lässt der dritten Gruppe offen, wie sie genau präsentiert: »Es bleibt nachher der Gruppe überlassen, was [sie] daraus macht.« Die vierte Gruppe beschäftigt sich mit der Regierung von Ludwig XIV. und soll einen Interviewdialog mit dem König schreiben.

Nachdem die zu erarbeitenden Themen benannt sind, sollen sich die Schülerinnen und Schüler selbst den verschiedenartigen Gruppen zuordnen: »Jetzt wär's gut, wenn ihr schon in etwa wisst, in welche Richtung es geht. In welche Richtung ihr euch orientieren wollt. In jeder Gruppe könnten fünf – also vier bis fünf Leute, weil die Corinna heute krank ist – sein.« Die Lehrerin bittet die Schülerinnen und Schüler, sich für eine Gruppe zu entscheiden und für die Gruppenzuteilung zu melden.

Drei Schüler melden sich für die erste Gruppe sofort. Auf die Nachfrage der Lehrerin, ob ein vierter Schüler nicht Lust hätte mitzumachen, ordnet sich dieser Schüler der Gruppe zu. Die Lehrerin bedankt sich: »Oh, ja, schön.«. Die zweite Gruppe ist mit fünf Schülerinnen und Schülern ebenfalls sofort gebildet. Eine Schülerin will sich noch anschließen: »Kann ich auch noch mit in die Gruppe? Sonst ist auch egal.« Die Lehrerin fragt, ob es auch okay ist, dass sie lieber in eine andere Gruppe ginge und kommentiert: »Oh ja, ist schön. Weil fünf ..., bloß, dass die anderen Gruppen nicht zu klein werden.« Nachdem sich schnell fünf Schülerinnen und Schüler für die dritte Gruppe finden: »Eins, zwei, drei vier, fünf. Perfekt. Dankeschön«, meldet sich noch eine Schülerin, die zur ersten Gruppe möchte. Die Lehrerin ermöglicht dies: »Du machst noch bei Gruppe eins mit, dann haben wir da fünf Leute – ok.« Die restlichen vier Schülerinnen und Schüler bilden kommentarlos die vierte Gruppe.

Anschließend wird das Verteilen der Gruppen auf die verschiedenen Klassenzimmer mit dem Hinweis vorbereitet: »Gut, es ist so, dass ihr euch jetzt, wie wir es sonst auch machen, verteilen könnt.

Es wär gut, wenn ein bis zwei Gruppen ... hier im Raum bleiben könnten. Drüben steht ein CD-Player, den könnt ihr dann verwenden.« Die Lehrerin verteilt im Anschluss an die allgemeinen Erläuterungen die Aufgabenblätter und Materialien, indem jeweils eine Schülerin bzw. ein Schüler aus einer Gruppe diese stellvertretend abholt. Nachdem sich zwei Gruppen in den Nachbarraum begeben haben, blickt die Lehrerin durch den Klassenraum, geht durch die beiden hier verbliebenen Gruppen, gibt noch Zusatzmaterialien für die eine Gruppe aus und erklärt einer Gruppe nochmals das Vorgehen: »Zuerst lest euch die Arbeitsaufträge durch. Vorn steht, was ihr machen müsst. Und am Schluss sind die Informationstexte. Okay?« Nebenbei kommt eine Schülerin aus dem Nachbarraum zurück: »Frau R., können wir den Schlüssel haben?« Die Lehrerin gibt ihr den Schlüssel. Während der Gruppenarbeit geht die Lehrerin durch den Raum, schaut sich den Fortschritt in den verschiedenen Gruppen an und beantwortet Nachfragen. Selbst greift sie nicht in die Gruppenarbeiten ein.

Nach etwa 20 Minuten Gruppenarbeit finden sich die Schülerinnen und Schüler wieder im Klassenzimmer ein, und drei der vier Gruppen präsentieren ihre Ergebnisse. Aufgrund des nahenden Stundenendes soll die vierte Gruppe ihre Ergebnisse in der nächsten Stunde präsentieren.

7. Literatur

Alam, B. (2016). Eine Unterrichtsstunde durch klare Strukturen gestalten. Pädagogik 7–8, 44–48.

Ames, C. (1990). Motivation. What teachers need to know. Teachers College Record 91, 409–421.

Arnold, K.-H. (2009). Unterricht als zentrales Konzept der didaktischen Theoriebildung und der Lehr-Lernforschung. In K-H. Arnold, U. Sandfuchs & J. Wiechmann (Hrsg.), Handbuch Unterricht. (S. 17–25). Bad Heilbrunn: Klinkhardt.

Bastian, J. (2016). Klassenführung. Zur Gestaltung eines Rahmens für lernförderliche Arbeitsbedingungen – partizipativ, kooperativ und individuell. Pädagogik 68(1), 6–9.

Baumert, J. & Kunter, M. (2011). Das Kompetenzmodell von COACTIV. In M. Kunter, J. Baumert, W. Blum, U. Klusmann, S. Krauss & M. Neubrand (Hrsg.), Professionelle Kompetenz von Lehrkräften – Ergebnisse des Forschungsprogramms COACTIV, 29–53.Münster: Waxmann.

Bergsson, M. & Luckfiel, H. (1999). Umgang mit »schwierigen Kindern«. Auffälliges Verhalten – Förderpläne – Handlungskonzepte. Berlin: Cornelsen.

Bietz, C., Klaffke, T., Lohmann, G., Textor, A., Werning, R. (Hrsg./2015). Unterrichtsstörungen. Friedrich Jahreshefte XXXIII.

Binneberg, K. (1979). Pädagogische Fallstudien. Ein Plädoyer für das Verfahren der Kasuistik in der Pädagogik. Zeitschrift für Pädagogik 25, 395–402.

BLK-Programm 21 (Hrsg.). Demokratie lernen und leben. http://blk-demokratie.de/programm (Abruf 22.08.2016).

Bohl, T. (2010). Forschung für den Unterricht. Zwischen selbstbestimmten Lernen und Classroom Management. In T. Bohl, K. Kansteiner-Schänzlin, M. Kleinknecht, B. Kohler, A. Nold (Hrsg.), Selbstbestimmung und Classroom Management. Empirische Befunde und Entwicklungsstrategien zum guten Unterricht, 15–30. Bad Heilbrunn: Klinkhardt.

Bohl, T. (2009). Prüfen und Bewerten im Offenen Unterricht. Weinheim und Basel: Beltz.

Bohl, T. & Kucharz, D. (2010). Offener Unterricht heute. Konzeptionelle und didaktische Weiterentwicklung. Weinheim: Beltz.

Borich, G. D. (2007). Effective teaching methods. Research-based practice. Upper Saddle River: Pearson.

Brandt, S. & Wiemerslage, P. (2016). Der Lern-Raum als Instrument der Klassenführung. Raumstruktur, Arbeitsplatzstruktur, Unterrichtsstruktur, Kooperationsstruktur und Kommunikationsstruktur. Pädagogik 68(1), 10–13.

Braun, A., Buyse, K. & Syring, M. (2016). Unterricht innovieren. Perspektiven der Unterrichtsentwicklung im Zeichen der neuen Lernkultur. In E. Kiel, S. Weiß (Hrsg.), Schulentwicklungsprozesse gestalten – Theorie und Praxis von Schulinnovation, 185–212. Stuttgart: Kohlhammer.

Braun, D. & Schmischke, J. (2006). Mit Störungen umgehen. Verhalten verstehen und beeinflussen. Übungen und Materialien. Berlin: Cornelsen.

Braune, A. (2012). Motivation. In E. Kiel (Hrsg.), Unterricht sehen, analysieren und gestalten, 37–64. Bad Heilbrunn: Klinkhardt.

Bromme, R. (1992). Der Lehrer als Experte. zur Psychologie des professionellen Wissens. Bern: Huber.

Brophy, J. & Good, T. (1986). Teacher behavior and student achievement. In M. C. Wittrock (Hrsg.), Handbook of Research on Teaching, 328–375. New York: Macmillan.

Brunner, R. & Zeltner, W. (1980). Lexikon zur Pädagogischen Psychologie und Schulpädagogik. Stuttgart: Reinhardt.

Bruns, M. (2016). Klassenführung selbst und gemeinsam gestalten. Die Führung einer Klasse durch Absprachen auf breite Füße stellen. Pädagogik 68(1), 30–33.

Charles, C. M. (2002). Essential elements of effective discipline. Boston: Allyn and Bacon.

Christiani, R. (2007). Fundgrube Klassenführung: das Nachschlagewerk für jeden Tag. Berlin: Cornelsen Scriptor.

Decy, E. L. & Ryan, R. M. (2000). That »What« and »Why« of Goal pursuits. Human Needs and Self-Determination of Behavior. Psychological Inquiry 11(4), 227–268.

Digel, S., Goeze, A. & Schrader, J. (2012). Aus Videofällen lernen. Einführung in die Praxis für Lehrkräfte, Trainer und Berater. Bielefeld: Bertelsmann.

Dix, P. (2011). Erfolgreiches Classroom Management. Hallbergmoos: Aulis.

Dollase, R. (2012). Classroom Management. Theorie und Praxis des Umgangs mit Heterogenität. München: Oldenbourg.

Doyle, W. (2006). Ecological Management and Classroom Management. In C. M. Evertson, C. S. Weinstein (Hrsg.), Handbook of Classroom Management, 97–126). Mahwah: Lawrence Erlbaum.

Doyle, W. (1986). Classroom Organization and Management. In Wittrock, M. C. (Hrsg.), Handbook of Research on Teaching, 392–397. New York: Macmillan.

Doyle, W. (1985). Recent research on classroom management. Implications for teacher preparation. Journal of Teacher Education 36(1), 31–35.

Dubs, R. (2009). Lehrerverhalten. Ein Beitrag zur Interaktion von Lehrenden und Lernenden im Unterricht. Stuttgart: Franz Steiner.

Eichhorn, C. (2014). Die Klassenregeln: guter Unterricht mit Classroom Management. Stuttgart: Klett-Cotta.

Eichhorn, C. (2011). Classroom-Managemnt. Wie Lehrer, Eltern und Schüler guten Unterricht gestalten. Stuttgart: Klett-Cotta.

Eikenbusch, G. (2009). Classroom Management – für Lehrer und für Schüler. Pädagogik, 61(2), 6–10.

Einsiedler, W. (2002). Das Konzept »Unterrichtsqualität«. Unterrichtswissenschaft 30(3), 194–196.

Emmer, E. T. & Evertson, C. M. (2009). Classroom management for middle and high school teachers. Upper Saddle River: Pearson.

Emmer, E. T., Evertson, C. M. & Anderson, L. (1980). Effective Classroom Management at the Beginning of the Schoolyear. Elementary School Journal 80(5), 219–231.

Emmer, E. T. & Stough, L. M. (2001). Classroom management. A critical part of educational psychology, with implications for teacher education. Educational Psychologist 36(2), 103–112.

Epstein, J. L. (1989). Family structure and student motivation. In R. E. Ames, C. Ames (Hrsg.). Research on motivation in education, 259–295. New York: Academic Press.

Ermert-Heinz, M., Bürgermeister, M. & Kossack, R. (2016). Klassenführung und der Umgang mit Störungen. Ein verbindliches Konzept für Prävention und Intervention entwickeln. Pädagogik 68(1), 14–17.

Evertson, C. M. (2010). COMP. Classroom Organization and Management Program. Middle/High school level. Nashville: Vanderbilt University.

Evertson, C. M., Emmer, E. T. & Worsham, M. E. (2006). Classroom management for elementary teachers. Boston: Allyn & Bacon.

Evertson, C. M. & Weinstein, C. S. (Hrsg.) (2006). Handbook of classroom management. Research, practice, and contemporary Research. Mahwah: Lawrence Erlbaum.

Evertson, C. M. & Harris, A. H. (1999). Support for Managing Learning-Centered Classrooms. In Freiberg, J. H. (Hrsg.), Beyond behaviorism: Changing the classroom management paradigm, 59–74. Boston: Alyn & Bacon.

Evertson, C. M., Emmer, E. T., Clements, B. S. & Worsham, M. E. (1994). Classroom management for elementary teachers. Boston: Allyn & Bacon.

Evertson, C., Emmer, E. T., Sanford, J. & Clements, B. (1983). Improving classroom management. An experiment in elementary classrooms. Elementary School Journal 84, 173–188.

Evertson, C. M. & Emmer, E. T. (1982). Effective classroom management at the beginning of the year in junior high classes. Journal of Educational Psychology 74, 485–498.

Fatke, R. (1995). Das Allgemeine und das Besondere in pädagogischen Fallstudien. Zeitschrift für Pädagogik 41(5), 681–695.

Fauth, B., Decristan, J., Rieser, S., Klieme, E. & Büttner, G. (2014). Student ratings of teaching quality in primary school. Dimensions and prediction of student outcomes. Learning and Instruction 29, 1–9.

Freiberg, H. J. (2013). Classroom management and student achievement. In J. Hattie, E. A. Anderman (Hrsg.), International guide to student achievement, 228–230. New York: Routledge.

Freiberg, H. J. & Lapointe, J. M. (2006). Research-based programs for preventing and solving discipline problems. In C. M. Evertson & C. S. Weinstein (Hrsg.), Handbook of classroom management, 35–786. Mahwah: Erlbaum.

Freitag, C. (2007). Kollegiale Beratung und Teamentwicklung. Pädagogik 59(9), 52–55.

Friedlmeier, W. (2006). Prosoziale Motivation. In D. Frey & H.-W. Bierhoff (Hrsg.), Handbuch der Sozialpsychologie und Kommunikationspsychologie, 143–149. Göttingen: Hogrefe.

Friedman, I. A. (2006). Classroom Management and Teacher Stress and Burnout. In C. M. Evertson, C. S. Weinstein (Hrsg.), Handbook of classroom management. Research, practice, and contemporary issues, 925–944. Mahwah: Erlbaum.

Glas, R. & Schlagbauer, J. (2011). Pädagogik am Gymnasium. Augsburg: Brigg.

Goeze, A. & Hartz, S. (2010). Lehrende lernen am Fall: Konzepte fallbasierten Lernens von der Weiterbildung bis zur Frühpädagogik. In J. Schrader, R. Hohmann & S. Hartz (Hrsg.), Mediengestützte Fallarbeit: Konzepte, Erfahrungen und Befunde zur Kompetenzentwicklung von Erwachsenenbildnern, 101–124. Bielefeld: Bertelsmann.

Gold, A. (2015). Guter Unterricht. Was wir wirklich darüber wissen. Göttingen: Vandenhoeck & Ruprecht.

Gold, A., Förster, S. & Holodynski, M. (2013). Evaluation eines videobasierten Trainingsseminars zur Förderung der professionellen Wahrnehmung von Klassenführung im Grundschulunterricht. Zeitschrift für pädagogische Psychologie 27(3), 141–155.

Grinder, M. (1995). NLP für Lehrer – ein praxisorientiertes Arbeitsbuch. Freiburg: Verlag für Kinesiologie.

Gruehn, S. (2000). Unterricht und schulisches Lernen. Schüler als Quelle der Unterrichtsbeobachtung. Münster u. a.: Waxmann.

Haag, L. & Streber, D. (2013). Klassenführung. In L. Haag, S. Rahm, H. J. Apel & W. Sacher (Hrsg.). Studienbuch Schulpädagogik, 221–242. Bad Heilbrunn: Klinkhardt/UTB.

Haag, L. & Streber, D. (2012a). Klassenführung: Erfolgreich unterrichten mit Classroom Management. Weinheim: Beltz.

Haag, L. & Streber, D. (2012b). Klassenführung. Umrisse und Aufgaben in einer neuen Lernkultur. Schulmagazin 5–10(9), 7–10.

Hartke, B. (2008). Spezifische Unterrichtsprinzipien. In B. Gasteiger-Klicpera, H. Julius, C. Klicpera (Hrsg.), Sonderpädagogik der sozialen und emotionalen Entwicklung. (S. 797–810). Göttingen: Hogrefe.

Hattie, J. (2013). Lernen sichtbar machen. Baltmannsweiler: Schneider.

Hattie, J. (2009). Visible Learning. A Synthesis of Over 800 Meta-Analyses Relating to Achievement. London: Routledge.

Havers, N. (1998). Umgang mit Disziplinschwierigkeiten im Unterricht. Ein Trainingsseminar für Lehrerstudenten. Die Deutsche Schule 90(3), 189–198.

Helmke, A. (2012). Unterrichtsqualität und Lehrerprofessionalität. Diagnose, Evaluation und Verbesserung des Unterrichts. Seelze-Velber: Friedrich/Klett.

Helmke, A. (2009). Unterrichtsqualität erfassen, bewerten, verbessern. Seelze: Kallmeyer.

Helmke, A. (2007). Aktive Lernzeit optimieren – Was wissen wir über effiziente Klassenführung? Pädagogik 59(5), 44–49.

Helmke, A. (2006). Was wissen wir über guten Unterricht? Pädagogik 58(2), 42–45.

Helmke, A (1988). Leistungssteigerung und Ausgleich von Leistungsunterschieden in Schulklassen – unvereinbare Ziele? Zeitschrift für Entwicklungspsychologie und Pädagogische Psychologie 20(1), 43–76.

Helmke, A. & Jäger, R. S. (Hrsg.) (2002). Die Studie MARKUS – Mathematik-Gesamterhebung Rheinland-Pfalz. Kompetenzen, Unterrichtsmerkmale, Schulkontext. Landau: Empirische Pädagogik.

Helmke, A. & Helmke, T. (2014). Wie wirksam ist gute Klassenführung? Lernende Schule 65, 9.

Helmke, A. & Weinert, F. E. (1997). Unterrichtsqualität und Leistungsentwicklung. Ergebnisse aus dem Scholastik-Projekt. In F. E. Weinert, A. Helmke (Hrsg.), Entwicklung im Grundschulalter, 241–258. Weinheim: Beltz.

Herzog, W. (2002). Zeitgemäße Erziehung. Die Konstruktion pädagogischer Wirklichkeit. Weilerswist: Velbrück Wissenschaft.

Hillert, A., Lehr, D., Koch, S., Bracht, M., Ueing, S. & Sosnowsky-Waschek, N. (2012). Lehrergesundheit: AGIL – das Präventionsprogramm für Arbeit und Gesundheit im Lehrerberuf. Stuttgart: Schattauer.

Hoegg, G. (2012). Gute Lehrer müssen führen. Weinheim: Beltz.

Jones, M. (2006). The balancing act of mentoring. In C. Cullingford (Hrsg.), Mentoring in education: An international perspective, 57–86. Aldershot: Ashgate.

Kaiser, F.-J. (1985). Fallstudie. In D. Lenzen (Hrsg.), Enzyklopädie Erziehungswissenschaft. Band 4, 440–444). Stuttgart: Klett-Cotta.

Kaiser, F.-J. (Hrsg./1983). Die Fallstudie. Bad Heilbrunn: Klinkhardt.

Kauffmann, J. M. (2005). Characteristics of emotional and behavioral disorders of children and youth. Upper saddle River: Prentice-Hall.

Keller, G. (2012). Disziplinmanagement in der Schulklasse. Unterrichtsstörungen vorbeugen – Unterrichtsstörungen bewältigen. Göttingen: Hogrefe.

Keller, J. M. (2010). Motivational design for learning and performance: The ARCS model approach. New York: Springer.

Kiel, E. (2012). Strukturierung. In E. Kiel (Hrsg.), Unterricht sehen, analysieren und gestalten, S. 21–36. Bad Heilbrunn: Klinkhardt.

Kiel, E., Buyse, K., Lerche, T., Saalfrank, W.-T., Schlegel, C., Steinherr, E. & Weiß, S. (2016). Schule anders sehen. Donauwörth: Auer.

Kiel, E., Frey, A., Weiß, S. (2013). Trainingsbuch Klassenführung. Bad Heilbrunn: Klinkhardt.
Kiel, E., Haag, L., Keller-Schneider, M. & Zierer, K. (2014). Unterricht planen, durchführen und reflektieren. Berlin: Cornelsen.
Kiel, E., Kahlert, J., Haag, L. & Eberle, T. (2011). Herausfordernde Situationen in der Schule. Ein fallbasiertes Arbeitsbuch. Bad Heilbrunn: Klinkhardt.
Kiel, E. & Pollak, G. (2011). Kritische Situationen im Referendariat bewältigen. Ein Arbeitsbuch für Lehramtsstudierende. Bad Heilbrunn: Klinkhardt UTB.
Klafki, W. (1991). Neue Studien zur Bildungstheorie und Didaktik. Zeitgemäße Allgemeinbildung und kritisch-konstruktive Didaktik. Basel/Weinheim: Beltz.
Klafki, W. (1971): Hermeneutische Verfahren in der Erziehungswissenschaft. In W. Klafki et al. (Hrsg.), Funk-Kolleg Erziehungswissenschaft. Band 3, S. 126–153. Frankfurt a. M.: Fischer.
Klieme, E. (2006). Bildungsstandards als Instrumente zur Harmonisierung von Leistungsbewertungen und zur Weiterentwicklung didaktischer Kulturen. In F. Eder, A. Gasteiger & F. Hofman (Hrsg.), Qualität durch Standards?, S. 55–70. Münster: Waxmann.
Klieme, E. & Rakoczy, K. (2008). Empirische Unterrichtsforschung und Fachdidaktik. Outcome-orientierte Messung und Prozessqualität des Unterrichts. Zeitschrift für Pädagogik 54(2), 222–237.
Klieme, E., Schümer, G. & Knoll, S. (2001). Mathematikunterricht in der Sekundarstufe I. »Aufgabenkultur« und Unterrichtsgestaltung. In Bundesministerium für Bildung und Forschung (Hrsg.), TIMSS – Impulse für Schule und Unterricht. Forschungsbefunde, Reforminitiativen, Praxisberichte und Video-Dokumente, S. 43–58. Bonn, Berlin: Bundesministerium für Bildung und Forschung.
Klippert, H. (2002). Methoden-Training – Übungsbausteine für den Unterricht. Weinheim u. a.: Beltz.
KMK (= Kultusministerkonferenz der Länder) (2004). Standards für die Lehrerbildung. Bildungswissenschaften. Beschluss der Kultusministerkonferenz vom 16.12.2004, Bonn.
Kohler, B., Prinz, E., Schneider, J. & Syring, M. (2015). Ein neuer Blick auf die Praxis: Selbst- und Fremdreflexion mit Hilfe von Unterrichtsvideos. Schulmagazin 5–10(1), 11–14.
Kokomnet (Hrsg.). Kollegiale Beratung online in zehn Schritten. Leitfaden zum Heilsbronner Modell. https://www.kokom.net/p365354134_406.html (30.08.2016).
Kolodner, J. L. (1993). Case-Based Reasoning. San Mateo: Morgan Kaufmann.
Kounin, J. S. (1976/2006). Techniken der Klassenführung. Stuttgart: UTB.
Kunter, M. & Voss, T. (2011). Das Modell der Unterrichtsqualität in COACTIV. Eine multikriteriale Analyse. In M. Kunter, J. Baumert, W. Blum, U. Klusmann, S. Krauss & M. Neubrand (Hrsg.), Forschung zur professionellen Kompetenz von Lehrkräften – Ergebnisse des Projekts COACTIV, S. 85–113. Münster: Waxmann.

Lang-Wojtasik, G. (2008). Lernen und Lehren in kooperativer Absicht als Beitrag zu einer neuen Lernkultur. Erfahrungen aus einem Coaching-Seminar mit Studierenden und Schülern. In U. Stadler-Altmann, J. Schindele & A. Schraut (Hrsg.). Neue Lernkultur – neue Leistungskultur, 134–150. Bad Heilbrunn: Klinkhardt.

Lave, J. & Wenger, E. (1991). Situated Learning: Legitimate peripheral participation. New York: Cambridge University Press.

Lehmann, P. (2012). Humor im Unterricht. Lernen leicht gemacht. www.humorimunterricht.ch/home (Abruf 06.05.2016).

Leinhardt, G., McCarthy Young, K. & Merriman, J. (1995). Integrating professional knowledge: The theory of practice and the practice of theory. Learning and Instruction 5(4), 401–408.

Lions-Club (Hrsg.). Informationen zur Einheit »Erwachsen werden«. www.lionsquest.de/portal.html (Abruf 22.08.2016).

Lipowsky, F. (2007). Was wissen wir über guten Unterricht? In G. Becker, A. Feindt, H. Meyer, M. Rothland, L. Stäudel, E. Terhart (Hrsg.), Guter Unterricht. Maßstäbe & Merkmale – Wege und Werkzeuge. Friedrich Jahresheft XXV, 26–30.

Lohmann, G. (2003). Mit Schülern klarkommen. Professioneller Umgang mit Unterrichtsstörungen und Disziplinkonflikten. Berlin: Cornelsen Scriptor.

Mägdefrau, J. (2010). Klassenführung. In J. Mägdefrau (Hrsg.), Schulisches Lehren und Lernen: Pädagogische Theorie an Praxisbeispielen, S. 49–68). Bad Heilbrunn: Klinkhard.

Marzano, R. L. (2003). Classroom management that works. Research-based strategies for every teacher. Alexandria: ASCD.

Marzano, R. L. (2000). A new era of school reform. Going where research takes us to. Aurora: Mid-Continent Research for Education and Learning.

Marzano, R. L. & Marzano, J. S. (2003). The key to classroom management. Educational Leadership 61(1), 6–18.

Mayr, J. (2009). Klassen stimmig führen. Ergebnisse der Forschung, Erfahrungen aus der Fortbildung und Anregungen für die Praxis. Pädagogik 61, 34–37.

Mayr, J. (2008). Klassen kompetent führen. Ergebnisse aus der Forschung und Anregungen für die Lehrerbildung. Seminar 14(1), 76–87.

Mayr, J. (2006a). Klassenführung auf der Sekundarstufe II: Strategien und Muster erfolgreichen Lehrerhandelns. Schweizerische Zeitschrift für Bildungswissenschaften 28, 227–242.

Mayr, J. (2006b). Theorie + Übung + Praxis = Kompetenz? Empirisch begründete Rückfragen zu den Standards der Lehrerbildung. Zeitschrift für Pädagogik 51. Beiheft, 149–163.

Mayr, J. (2004). Mitarbeit und Störung im Unterricht: Pädagogische Handlungsstrategien von Lehrern an höheren Schulen. Unser Weg 59(1), 21–26.

Mayr, J., Eder, F., Fartacek, W., Lenske, G. & Pflanzl, B. (2016). Linzer Diagnosebogen zur Klassenführung (LDK). Klagenfurt: Alpen-Adria-Universität. https://ldk.aau.at/ (Abruf 22.08.2016).

Mayr, J., Eder, F. & Fartacek, W. (1991). Mitarbeit und Störung im Unterricht: Strategien pädagogischen Handelns. Zeitschrift für Pädagogische Psychologie 5, 43–55.

McNair, M. P. (1954). The Case Method at Harvard Buisness School. New York: McGrad-Hill.

McPhillimy, B. (1996). Controlling your class: Teacher's guide to managing classroom behavior. Hoboken: John Wiley & Sons.

Merrill, D. (2002). First Principles of Instruction. Educational technology research and development 50(3), 43–59.

Meyer, H. (2014). Leitfaden Unterrichtsvorbereitung. Berlin: Cornelsen.

Meyer, H. (2004). Was ist guter Unterricht? Berlin: Cornelsen Scriptor.

Neuenschwander, M. (Hrsg./2006). Themenheft Klassenführung. Schweizerische Zeitschrift für Bildungswissenschaften 28(1).

Nolting, H.-P. (2002). Störungen in der Schulklasse. Ein Leitfaden zur Vorbeugung und Konfliktlösung. Weinheim: Beltz.

Oliver, R., Wehby, J. & Reschly, D. J. (2011). Teacher classroom management practices: Effects on disruptive or aggressive student behavior. Campbell Systematic Reviews (4).

Ophardt, D. & Thiel, F. (2013). Klassenmanagement. Ein Handbuch für Studium und Praxis. Stuttgart: Kohlhammer.

Oser, F. (1997). Standards in der Lehrerbildung. Teil 1 : Berufliche Kompetenzen, die hohen Qualitätsmerkmalen entsprechen. Beiträge zur Lehrerbildung 15(1), 26–37.

Oser, F. & Oelkers, J. (2001). Einleitung. In F. Oser & J. Oelkers (Hrsg.), Die Wirksamkeit der Lehrerbildungssysteme. Von der Allrounderbildung zur Ausbildung professioneller Standards, 13–33. Chur u. a.: Ruegger.

Peschel, F. (2010). Freiraum statt Einschränkung: Offener Unterricht muss konsequenter umgesetzt werden. In T. Bohl, K. Kansteiner-Schänzlin, M. Kleinknecht, B. Kohler & A. Nold (Hrsg.), Selbstbestimmung und Classroom Management. Empirische Befunde und Entwicklungsstrategien zum guten Unterricht, 93–114. Bad Heilbrunn: Klinkhardt.

Pietsch, M. (2010). Evaluation von Unterrichtsstandards. Zeitschrift für Erziehungswissenschaft 13, 121–148.

Poole, I. & Evertson, C. M. (2013). Elementary classroom management. In J. Hattie & E. M, Aderman (Hrsg.), International guide to student achievement, 188–191. New York: Routledge.

Raaf, B. (2005). Humor im Englischunterricht (Münchener Arbeiten zur Fremdsprachenforschung). München: Langenscheidt.

Reusser, K. (2005). Situiertes Lernen mit Unterrichtsvideos. Journal für LehrerInnenbildung 5(2), 8–18.

Riesbeck, C. K. & Schank, R. C. (1989). Inside Case-based Reasoning. Cambridge: Lawrence Erlbaum Associates.

Rheinberg, F. (2004). Motivation. Grundrisse der Psychologie. Stuttgart: Kohlhammer.

Rokeach, M. (1968). Beliefs, attitudes, and values: A theory of organization and change. San Francisco: Jossey-Bass.
Rothland, M. & Terhard, E. (2007). Beruf: Lehrer – Arbeitsplatz: Schule. Charakteristika der Arbeitstätigkeit und Bedingungen der Berufssituation. In M. Rothland (Hrsg.), Belastung und Beanspruchung im Lehrerberuf. Modelle, Befunde, Interventionen, 11–31. Berlin: Springer.
Rutter, M. et al. (1980). Fünfzehntausend Stunden. Weinheim: Beltz.
Schneider, J. (2016). Lehramtsstudierende analysieren Praxis. Ein Vergleich der Effekte unterschiedlicher fallbasierter Lehr-Lern-Arrangements. Hochschulschrift/Dissertation: Tübingen. http://dx.doi.org/10.15496/publikation-13255 (30.08.2016).
Schönbächler, M.-T. (2008). Klassenmanagement. Situative Gegebenheiten und personale Faktoren in Lehrpersonen- und Schülerperspektive. Bern: Haupt.
Schröder, H. (1990). Lernen und Lehren im Unterricht. Grundlagen und Aspekte der Allgemeinen Didaktik. München: Oldenbourg.
Schulze, R. (1995). Strategien beim Gebrauch des Englischen als Fremdsprache: Humor und Ironie. In R. Ahrens, W. D. Bald & W. Hüllen, W. (Hrsg.), Handbuch Englisch als Fremdsprache, 204–205. Berlin: Erich Schmidt Verlag.
Schweizer Videoarchiv (Hrsg.). Fallarchiv. www.unterrichtsvideos.ch (30.08.2016).
Schwindt, K. (2008). Lehrpersonen betrachten Unterricht. Kriterien für die kompetente Unterrichtswahrnehmung. Münster u. a.: Waxmann.
Seidel, T. (2009). Klassenführung. In E. Wild & J. Möller (Hrsg.), Pädagogische Psychologie, 135–148. Heidelberg: Springer.
Seidel, T., Blomberg, G. & Stürmer, K. (2010). OBSERVE – Validierung eines videobasierten Instruments zur Erfassung der professionellen Wahrnehmung von Unterricht. Zeitschrift für Pädagogik 56. Beiheft, 296–306.
Seidel, T. & Prenzel, M. (2008). Wie Lehrpersonen Unterricht wahrnehmen und einschätzen – Erfassung pädagogisch-psychologischer Kompetenzen mit Videosequenzen. In M. Prenzel, I. Gogolin & H.-H. Krüger (Hrsg.), Kompetenzdiagnostik, 201–216) Wiesbaden: VS.
Seidel, T. & Shavelson, R. J. (2007). Teaching effectiveness research in the past decade: Role of theory and research design in disentangling meta-analysis results. Review of Educational Research 77, 454–499.
Sherin, M. G. (2004). New Perspectives on the Role of Video in Teacher Education. In J. Brophy (Hrsg.), Using Video in Teacher Education, 1–27. Oxford: Elsevier.
Sherin, M. G. & van Es, E. (2009). Effects of Video Club Participation on Teacher's Professional Vision. Journal of Teacher Education 60(1), 20–37.
Shuell, T. J. (1993). Toward an integrated theory of teaching and learning. Educational Psychologist 28(4), 291–311.
Shulman, L. S. (1986). Those who understand: Knowledge growth in teaching. Educational Researcher 15(1), 4–14.
Seitz, O. (1991). Problemsituationen im Unterricht. Köln: Wolf.

Städeli, C., Grassi, A., Rhiner, K. & Obrist, W. (2010). Kompetenzorientiert unterrichten. Das AVIVA-Modell. Weinheim: Beltz.

Syring, M. (2014). Unterrichtsfälle in der ersten Phase der Lehrerbildung. Kognitive Belastung, Motivation und Emotionen beim fallbasierten Lernen in vier verschiedenen Lernarrangements. Hochschulschrift/Dissertation: Tübingen.

Syring, M., Bohl, T., Kleinknecht, M., Kuntze, S., Rehm, M., & Schneider, J. (2016). Fallarbeit als Angebot – fallbasiertes Lernen als Nutzung: Empirische Ergebnisse zur kognitiven Belastung, Motivation und Emotionen bei der Arbeit mit Unterrichtsfällen und Konsequenzen für eine Hochschuldidaktik der Fallarbeit. Zeitschrift für Pädagogik 62(1), 86–108.

Syring, M., Bohl, T. & Treptow, R. (Hrsg.) (2016). YOLO – Jugendliche und ihre Lebenswelten verstehen. Zugänge für die pädagogische Praxis. Weinheim: Beltz.

Syring, M., Reuschling, A., Bohl, T., Kleinknecht, M., Kuntze, S. & Rehm, M. (2013). Classroom Management lehren und lernen. Zur Bedeutung des Konzepts im Unterricht und dessen Vermittlung in fallbasierten Seminaren in der Lehrerbildung. In R. Arnold, C. G. Tutor, C. Menzer (Hrsg.), Didaktik im Fokus, 75–91. Hohengehren: Schneider.

Terhart, E. (2002). Standards für die Lehrerbildung. Eine Expertise für die Kultusministerkonferenz. Münster: Westfälische Wilhelms-Universität.

Terhart, E., Bennewitz, H. & Rothland, M. (Hrsg./2011). Handbuch der Forschung zum Lehrerberuf. Münster u. a.: Waxmann.

Thiel, F., Richter, S. & Ophardt, D. (2012). Steuerung von Übergängen im Unterricht. Eine Experten-Novizen-Studie zum Klassenmanagement. Zeitschrift für Erziehungswissenschaft 15(4), 727–752.

Thomas, S. & Hennemann, T. (2013). Unterrichtsstörungen (präventiv) begegnen. Strategien für eine aktive Lernzeit. Praxis Fördern 2, 33–36.

Tietze, K. O. (2003). Kollegiale Beratung. Problemlösungen gemeinsam entwickeln. Reinbek: Rowohlt.

Universität Frankfurt (Hrsg.). Fallarchiv. www.apaek.uni-frankfurt.de (30.08.2016).

Universität Kassel (Hrsg.). Fallarchiv. www.fallarchiv.uni-kassel.de (30.08.2016).

Universität Münster (Hrsg.). Fallarchiv. www.uni-muenster.de/Koviu (30.08.2016).

Veenman, S. (1984). Perceived problems of beginning teachers. Review of Educational Research 54, 143–178.

Voss, T., Kunter, M. & Baumert, J. (2011). Assessing Teacher Candidates' General Pedagogical/Psychological Knowledge: Test Construction and Validation. Journal of educational psychology 103(4), 952–969.

Vygotskij, L. S. (2011). Vorlesungen über Psychologie. Herausgegeben von Georg Rückriem. Berlin: Lehmanns Media.

Wahl, D. (1991). Handeln unter Druck. Der weite Weg vom Wissen zum Handeln bei Lehrern, Hochschullehrern und Erwachsenenbildnern. Weinheim: Deutscher Studienverlag.

Wahl, D., Weinert, F., Huber, G. L. (1984). Psychologie für die Schulpraxis. Ein handlungsorientiertes Lehrbuch für Lehrer. München: Kösel.

Wang, M. C., Haertel, G. D. & Walberg, H. J. (1993). Toward a knowledge base for school learning. Review of Educational Research 63(3), 249–294.
Weinert, F. E. (1997). Lernkultur im Wandel. In E. Beck (Hrsg.), Lernkultur im Wandel. Tagungsband der Schweizerischen Gesellschaft für Lehrerinnen- und Lehrerbildung und der Schweizerischen Gesellschaft für Bildungsforschung, 11–29. St. Gallen: UVK.
Weinert, F. E. & Helmke, A. (1997). Theoretischer Ertrag und praktischer Nutzen der SCHOLASTIK-Studie zur Entwicklung im Grundschulalter. In F. E. Weinert & A. Helmke (Hrsg.), Entwicklung im Grundschulalter, 457–474. Weinheim: Beltz.
Weiß, S. (2014). Caring. In M. A. Wirtz (Hrsg.), Dorsch – Lexikon der Psychologie, 331). Bern: Huber.
Weiß, S. (2012). Veranschaulichung. In E. Kiel (Hrsg.), Unterricht sehen, analysieren, gestalten, 99–120. Bad Heilbrunn: Klinkhardt.
Wellenreuther, M. (2008). Lehren und Lernen – aber wie? Empirisch-experimentelle Forschung zum Lehren und Lernen im Unterricht. Baltmannsweiler: Schneider.
Wernet, A. (2000). Einführung in die Interpretationstechnik der objektiven Hermeneutik. Opladen: Leske + Budrich.
Wild, K. P. (2000). Lernstrategien im Studium. Münster: Waxmann.
Winkel, R. (2009). Der gestörte Unterricht: Diagnostische und therapeutische Möglichkeiten. Hohengehren: Schneider.
Woolfolk, A. (2013). Pädagogische Psychologie. Hallbergmoos: Pearson.
Zeiler, R. (2012). Kollegiale Fallberatung in der Schule: Warum, wann und wie? Mülheim: Verlag an der Ruhr.